TRAITÉ D'ÉCONOMIE HÉRÉTIQUE

DU MÊME AUTEUR

Introduction inquiète à la Macron-économie, Les Petits Matins, 2016, 2017.
Le Déni climatique, avec Henri Landes, Max Milo, 2015.
20 idées reçus sur l'énergie, avec Raphaël Homayoun Boroumand et Stéphane Goutte, De Boeck supérieur, 2015, 2018.
TAFTA : l'accord du plus fort, Max Milo, 2014.
Le Mirage du gaz de schiste, Max Milo, 2013.
L'Indécence précède l'essence : enquête sur un Total scandale, Max Milo, 2012.
Reprise ou re-crise ?, Res publica, 2009.
Un baril de pétrole contre 100 mensonges, Res publica, 2009.

Thomas Porcher

Traité d'économie hérétique

En finir avec le discours dominant

Pluriel

Ouvrage édité sous la direction d'Isabelle Saporta

Couverture : Delphine Delastre
Illustration © Benjamin Salesse
ISBN : 978-2-818-50581-6
Dépôt légal : janvier 2019
Librairie Arthème Fayard/Pluriel, 2018.

À Sarah et Raphael

SOMMAIRE

« *Les hérétiques d'aujourd'hui sont les descendants d'une longue lignée, submergée mais jamais éteinte, qui a survécu sous la forme de groupes isolés d'excentriques. Ils sont profondément insatisfaits. Ils pensent que l'observation commune suffit à montrer que les faits ne se conforment pas au raisonnement orthodoxe.* »

John Maynard Keynes,
La pauvreté dans l'abondance, 1934

INTRODUCTION

« La France est le pays où l'on travaille le moins au monde », « La dette publique est un danger pour les générations futures », « Notre modèle social n'est pas adapté à la mondialisation », « Le Code du travail empêche les entreprises d'embaucher », « Le libre-échange profite à tous », « Mener une autre politique économique, c'est finir comme le Venezuela ou la Corée du Nord » : telles sont les affirmations ressassées en boucle depuis plus de trente ans par une petite élite politique, médiatique et intellectuelle, bien à l'abri de ce qu'elle prétend nécessaire d'infliger au reste de la population pour sauver la France. Ces idées ont tellement pénétré les esprits qu'elles ne semblent plus pouvoir faire l'objet du moindre débat. Pire encore, nous nous empressons de créer les conditions de leur mise en œuvre, en votant pour ceux qui entendent nous priver de ce qui devrait être normal dans la sixième puissance mondiale : travailler dignement, se loger, se soigner, manger convenablement, pouvoir partir en vacances, vivre dans un environnement sain et, enfin, toucher une pension de retraite décente.

Or, aujourd'hui, les droits des salariés sont perçus comme un carcan empêchant les entreprises d'embaucher, les services publics sont asséchés financièrement au nom du remboursement de la dette publique, les normes sanitaires et environnementales sont rédigées pour les grands groupes qui s'arrangent ensuite pour les contourner, l'idée d'une retraite décente à un âge convenable est considérée comme un luxe réservé à une frange réduite de la population. Rien ne semble arrêter cette spirale destructrice tant nous sommes persuadés qu'aucune alternative n'est crédible. C'est l'objet de ce livre : regagner la bataille des idées, refuser ce prêt-à-penser libéral qu'on nous vend comme du simple bon sens, se libérer de la servitude volontaire.

Car tout cela est possible parce que nous refusons de sortir du cadre de réflexion autorisé. Plus personne n'ose réclamer une hausse significative du SMIC, une semaine de vacances supplémentaire, une réduction du temps de travail hebdomadaire, une revalorisation des pensions de retraite, plus de crèches, d'hôpitaux et de services publics. Toutes ces propositions amélioreraient notre qualité de vie, mais voilà, elles se heurtent à ce que nos élites prétendent être les limites du possible. Nous devinons les arguments qui nous seront opposés : « Dans un contexte de mondialisation, il est inconcevable d'augmenter le salaire minimum, sinon les entreprises vont toutes partir » ou « Compte tenu du niveau de la dette publique, il est impossible d'investir dans un service public de qualité ». Notre réflexion est contrainte par le cadre du raisonnable ; vouloir en sortir, c'est devenir utopiste. Mais fixer un cadre de réflexion en dehors duquel il est impossible de débattre n'est-il pas la meilleure façon de dominer les esprits ? Qui trouve intérêt à imposer ces limites ? Comment est-il possible que, dans le passé, nous nous soyons sentis légitimes de réclamer une quatrième semaine de congés payés, puis une cinquième alors qu'une sixième semble aujourd'hui inenvisageable ?

Ce cadre qui limite volontairement la portée du débat est le fruit d'un mélange entre rapports de force et ensemble de croyances économiques à un moment donné. Il est important de préciser « à un moment donné », car l'histoire montre que l'économie n'a pas toujours fonctionné avec les mêmes préceptes. Aucun cadre n'est indépassable et ce qui apparaît aujourd'hui comme une évidence peut en moins d'une décennie sembler obsolète. Tout ce que les libéraux estiment impossible aujourd'hui, comme le rôle de l'État en tant que stratège, l'investissement public ou l'encadrement des marchés financiers, est exactement ce qui a été appliqué entre 1950 et 1980, et tout ce qui a été mis en œuvre à cette période était l'exact opposé de ce qui avait été fait entre 1900 et 1930 – période où les idées libérales dominaient les pratiques économiques. Donc ce qui a été valable pendant trente ans entre 1950 et 1980 ne l'est plus depuis plus de trente ans. L'économie n'est pas figée, c'est une succession de modes de régulation définis par des rapports de force à un moment précis. Rien n'est inéluctable. Bien entendu, ceux qui ont intérêt à ce que le cadre de réflexion ne change pas, qu'il soit impossible d'envisager autre chose, sont ceux qui en profitent. D'où la nécessité de constamment vouloir faire bouger les lignes et de refuser ce qu'on nous présente comme des « vérités économiques ».

Pour se libérer de ce cadre de pensée, il est important de comprendre que l'économie n'est pas une science neutre avec des résultats indiscutables. Il faut donc se méfier des prétendus consensus et autres vérités scientifiques mises en avant par quelques économistes. L'histoire montre que certains consensus ont été catastrophiques pour une majorité d'individus (parfois pour plusieurs milliards d'humains). Pour le prouver, il suffit de rappeler le consensus quasi unanime sur l'efficacité et l'autorégulation des marchés financiers qui a fini par provoquer la crise de 2007, prenant de court la majorité des économistes de grandes institutions et universités. Le consensus est rare en économie mais lorsqu'il y en a un, rien n'assure qu'il soit juste, d'où l'importance de toujours continuer à en débattre.

La vraie force des économistes libéraux est d'avoir réussi à convaincre l'opinion qu'ils ne faisaient pas d'idéologie, ce qui est complètement faux. L'économie est un rapport de force par des moyens détournés et, par conséquent, avant de juger de la pertinence d'une réforme, posez-vous une question simple – que le MEDEF se pose constamment : à qui cela profite ? Car toute réforme, toute révision de texte, modifie la contribution des efforts et la répartition des richesses. Au bout du bout, quoi qu'on vous dise, quelqu'un en profite toujours plus que les autres. La création de richesse et sa répartition constituent la base de l'économie qui n'est, en réalité, qu'un moyen pour justifier que certains aient droit à une plus grosse part du gâteau (collectivement créé) que les autres.

Dès lors, quand vous saurez que la réussite n'est jamais individuelle, que « vouloir, c'est pouvoir » est avant tout la subtile devise des dominants, vous comprendrez mieux que derrière l'idolâtrie de « ceux qui réussissent » se niche souvent une volonté de faire accepter par tous une baisse d'impôts pour les plus riches.

Quand vous saurez que les causes du chômage ne sont pas à aller chercher dans un comportement inapproprié des demandeurs d'emploi, mais dans des politiques macroéconomiques inadaptées et établies par ceux qui sont au pouvoir, vous n'accepterez plus qu'on rende les chômeurs responsables de leur statut et vous demanderez des comptes à ceux qui nous gouvernent.

Quand vous saurez qu'on recense pas moins de cent soixante-cinq réformes dans des domaines relatifs au marché du travail entre 2000 et 2013, vous comprendrez qu'un homme politique affirmant qu'on n'a rien changé depuis plus de trente ans vous prend pour un imbécile et vous n'accepterez plus qu'on vous dise que la flexibilité du travail est la solution au chômage. Quand vous saurez que l'État social a plus rapporté qu'il n'a coûté, qu'il permet de réduire les inégalités, que nos pensions de retraite sont parmi les plus élevées d'Europe, que notre système public de santé est moins cher et plus égalitaire que celui, essentiellement privé, des États-Unis, vous comprendrez que ceux qui veulent réduire la dépense publique ou la sphère de l'État social se soucient plus d'offrir des pans entiers de la sphère publique au secteur privé que de la condition humaine.

Quand vous saurez que nous avons déjà connu une dette représentant 200 % du PIB, que les taux d'intérêt ont déjà été plus élevés qu'aujourd'hui – et qu'à l'époque cela ne dérangeait pas les économistes libéraux puisque leur politique en était responsable –, que la dette du secteur privé, responsable de la crise de 2007, est supérieure à celle du secteur public, vous comprendrez que la dette publique est un épouvantail qui sert, avant tout, à justifier des politiques d'austérité.

Quand vous saurez que les politiques mises en place pour lutter contre le réchauffement climatique sont volontairement insuffisantes afin de protéger des intérêts financiers, que l'accord de la COP 21, célébré par tous, ne compte qu'une quarantaine de pages tant les négociateurs se sont soigneusement empressés d'en retirer les principales causes du dérèglement climatique (à titre de comparaison, l'accord de libre-échange Europe-Corée du Sud fait 1 800 pages, preuve que le commerce importe plus que le climat), vous comprendrez que la priorité de nos gouvernants n'est pas de relever le défi climatique, ni d'inciter les grands groupes à engager leur transition énergétique, mais bien de protéger les modes de production mis en place et les profits des multinationales, quitte à faire courir le plus grand risque jamais connu au reste de la planète.

Quand vous saurez que la construction européenne a été menée pour mettre en concurrence les États, que, ces dernières années, les choix politiques des technocrates de la Commission ont transformé une crise venant des États-Unis en une crise de la zone euro, que nous avons volontairement sacrifié la moitié de l'Europe, vous comprendrez qu'aimer l'Europe, ce n'est pas aimer la Commission européenne, et inversement.

Enfin, quand vous saurez que les pays riches, en premier lieu les États-Unis, avant de promouvoir le libre-échange, se sont développés à l'abri du protectionnisme, que derrière le terme « libre-échange » se cachent en réalité les seuls intérêts des multinationales, que le FMI sert de manière à peine voilée ces intérêts, vous comprendrez que la mondialisation n'est pas l'amie des pays pauvres et que, tant que ces politiques seront mises en place, la majorité des habitants de la planète sera contrainte de vivre dans le dénuement encore longtemps.

En démontant les idées reçues, en apportant des éléments factuels, ce livre a pour but de proposer au citoyen néophyte, étudiant, engagé en politique ou militant (et parfois tout cela à la fois) une autre histoire de l'économie que celle qu'on veut bien lui servir. Le but de ce texte est de fournir une grille de lecture différente des politiques libérales engagées depuis plus de trois décennies – et prônées par Emmanuel Macron – et d'offrir un contre-argumentaire. Il appartiendra ensuite au citoyen de s'emparer de ces arguments, de questionner, de vouloir débattre et de ne plus jamais accepter comme une fatalité ce qu'on lui propose.

1.

L'ÉCONOMIE N'EST PAS UNE SCIENCE

L'économie est-elle une science capable d'établir des vérités objectives et de faire preuve de neutralité dans l'établissement des faits et des analyses ? Le débat ne date pas d'hier, mais il a enflammé le monde des économistes il y a deux ans quand Pierre Cahuc et André Zylberberg ont fait paraître un essai intitulé *Le négationnisme économique. Et comment s'en débarrasser*[1]. Dans ce livre, ils accusent une partie de la communauté des économistes, notamment ceux du collectif Les économistes atterrés, de faire de la politique et défendent l'idée que, depuis plus de trois décennies, l'économie est devenue une science expérimentale comparable à la médecine ou à la biologie. Les controverses en économie n'auraient donc plus lieu d'être puisque les expériences naturelles, qui consistent à tester l'efficacité d'une mesure

---

1. P. Cahuc et A. Zylberberg, *Le négationnisme économique. Et comment s'en débarrasser*, Flammarion, 2016.

de politique économique sur deux populations similaires – une recevant la mesure, l'autre non –, permettraient d'avoir des résultats incontestables. Ainsi, il serait possible de tester l'impact d'une baisse du SMIC sur l'emploi en prenant deux départements français et en appliquant la mesure dans l'un des départements (le groupe test) puis en ne la mettant pas en œuvre dans l'autre (le groupe de contrôle). Ce livre, sélectionné au Prix du livre d'économie, conclut que le débat, notamment dans les médias, est biaisé car il opposerait, d'un côté, ceux qui détiennent une vérité scientifique et, de l'autre, ceux qui font de l'idéologie. Mieux vaut donc, afin d'éviter un débat jugé inutile, vérifier les publications scientifiques des économistes avant de les interroger et, *a fortiori*, de les suivre.

Cet essai polémique a connu un écho important dans la presse. Beaucoup de commentateurs y ont vu une occasion de décrédibiliser une partie des économistes classés à gauche en se cachant derrière les arguments de Cahuc et Zylberberg. Pour eux, certains sujets n'avaient plus lieu d'être débattus car la science économique avait tranché, établi des « vérités » et permis de dégager un consensus scientifique. S'y opposer, c'est être un négationniste. Or, il n'y a rien de plus stupide. D'une part, parce qu'un consensus n'est pas synonyme de vérité et, d'autre part, parce qu'il peut évoluer justement en débattant. Pis, certains consensus peuvent se révéler dangereux. Souvenez-vous, avant la crise des subprimes, tous les économistes ou presque s'accordaient sur le fait que les marchés financiers étaient efficients et stables, les banques solides et une dépression totalement inimaginable. En réalité, en économie, le consensus est plus l'exception que la règle, et les économistes ne sont que très rarement d'accord entre eux.

Une défense à géométrie variable

Ceux qui se sont empressés de relayer les thèses du *Négationnisme économique* étaient, dans le fond, « politiquement » d'accord avec les idées défendues dans le livre. Derrière cette histoire de science devenue neutre grâce aux expérimentations était surtout menée une attaque en règle contre Les économistes atterrés et donc contre des idées de gauche. Il était plus simple de disqualifier directement Les économistes atterrés par un « vous êtes négationnistes » plutôt que de les affronter sur le fond. Le but de la manœuvre ? Faire croire que les économistes de gauche étaient des militants, à mille lieues de la recherche scientifique quand, bien entendu, les économistes libéraux, eux, sont du côté de la science et s'abstiennent de faire de la politique.

Bizarrement, certains journaux ont, d'un côté, relayé les arguments de Cahuc et Zylberberg sur la prétendue neutralité de la science économique et, de l'autre, enfoncé le livre critique sur l'euro de Joseph E. Stiglitz[1]. Pourtant, avoir été lauréat du prix Nobel d'économie aurait dû conférer à J. E. Stiglitz une légitimité scientifique suffisante pour s'exprimer sur cette question. Mais comme les conclusions qu'il prônait – notamment celles de revoir l'architecture de la zone euro – allaient à l'encontre de la ligne éditoriale de certains journaux, alors il fallait attaquer son travail. On en revient au point de départ, si l'économie est une science neutre, dénuée de point de vue politique, alors refuser de relayer les arguments d'un Prix Nobel relève également d'une forme de « négationnisme économique », pour reprendre les termes si délicats de Cahuc et Zylberberg. Ceux qui cherchent à dissocier les « vrais » économistes des « horribles » militants sont en fait des militants de la première heure.

Par exemple Thierry Fabre, rédacteur en chef à *Challenges*, regrettait que *Le négationnisme*

---

1. J. E. Stiglitz, *L'euro, comment la monnaie unique menace l'avenir de l'Europe*, Les liens qui libèrent, 2016.

économique n'ait pas obtenu le Prix du livre d'économie, allant jusqu'à dire que « le livre avait été ostracisé ». Le journaliste trouvant même « inquiétant » que « l'ouvrage ait été cloué au pilori » parce qu'il dit les « choses crûment ». D'abord, le livre n'a pas été ostracisé, il a été sélectionné au Prix du livre d'économie alors même qu'il insulte une large partie de la communauté scientifique. De nombreux livres n'ont pas eu cette chance, des succès, comme le livre de Thomas Piketty par exemple, ne figuraient même pas dans la sélection de 2013. Enfin, Thierry Fabre, qui apprécie tant les thèses de Cahuc et Zylberberg, devrait se les appliquer plus souvent. Son journal n'hésite pas à offrir des éditos sur des sujets économiques à des gens qui n'ont ni diplôme d'économie, ni publications scientifiques. On peut citer Philippe Manière que l'on présente comme économiste alors même qu'il a un diplôme de l'ESSEC et une maîtrise de droit (donc pas d'études d'économie) et ne possède aucune publication scientifique. Autre exemple, dans un article sur la fiscalité rédigé par M. Fabre[1], il choisit d'interroger, avec le titre « L'avis de l'expert », Agnès Verdier-Molinié qui, selon les critères mis en avant

---

1. T. Fabre, « Les entreprises, un mille-feuille fiscal toujours plus épais », *Challenges*, octobre 2012.

par Cahuc et Zylberberg, n'a aucune légitimité à s'exprimer sur ce sujet

Dans *L'Opinion* du 22 août 2017, le journaliste Cyrille Lachèvre signait un article intitulé « Économie : comment le débat public est biaisé ». Ce dernier appelait à ne donner la parole qu'aux « véritables experts ». Au fond, cet article reprenait le même vocabulaire que Cahuc et Zylberberg. Si le journal *L'Opinion* est si sensible à « un vrai débat public entre véritables experts », alors pourquoi ce quotidien offre-t-il pléthore de tribunes à des personnes se présentant comme économistes sans revendiquer de diplôme qualifiant, ni même de publications scientifiques ? Pourquoi le même journal n'a-t-il pas hésité à descendre le livre de Stiglitz sur l'euro[1] ? Dans ces conditions, qui biaise le débat économique ? Les économistes ou le journal lui-même, en mettant volontairement en avant certaines analyses et en en critiquant d'autres ? Quand il s'agit d'attaquer les économistes hétérodoxes – qui, soit dit en passant, sont, eux, diplômés d'économie –, les journalistes libéraux mettent en avant les arguments de Cahuc et Zylberberg. En revanche, lorsqu'il s'agit de promouvoir des idées en accord avec leur ligne édito-

---

1. É. Le Boucher, « Europe : quand Joseph Stiglitz sert les populistes », *L'Opinion*, 7 août 2016.

riale, n'importe quel expert peut s'autoproclamer « économiste ». En réalité, tous les journaux, de *Challenges* à *L'Opinion* en passant par *Alternatives économiques*, font de la politique et, sur ce point, personne n'est dupe. Cahuc et Zylberberg, au même titre que les économistes de gauche, en font également sauf que leur point de vue idéologique est caché derrière un parterre de publications scientifiques.

Deux Prix Nobel d'économie
peuvent-ils avoir des avis divergents ?

Dans son livre *Économie du bien commun*, Jean Tirole, Prix Nobel d'économie, écrit dans le chapitre consacré à l'Europe : « Dans le contexte d'euroscepticisme actuel, il est utile de rappeler que l'action européenne a réduit les écarts de revenu et que, même en tenant compte des calamiteuses dernières années, les institutions européennes ont dans l'ensemble contribué à la croissance[1]. » Un autre Prix Nobel, Joseph E. Stiglitz, écrit dans son livre *L'euro, comment la monnaie unique menace l'avenir de l'Europe* : « L'euro a conduit à une aggravation de

___
1. J. Tirole, *Économie du bien commun*, PUF, 2016, p. 351.

l'inégalité. C'est un argument central de ce livre : l'euro a creusé le fossé. Avec lui, les pays faibles sont devenus encore plus faibles et les pays forts encore plus forts[1]. »

Deux des meilleurs économistes au monde défendent donc visiblement un point de vue divergent sur le bilan de l'Union européenne. Le premier y voit globalement plus de croissance malgré une gestion désastreuse ces dernières années, l'autre une augmentation des inégalités. Probablement J. E. Stiglitz a-t-il également constaté une hausse globale de la croissance, tout comme J. Tirole a noté une progression des inégalités, mais les aspects qu'ils retiennent comme essentiels sont différents. Tout comme le sont les solutions qu'ils proposent pour sauver l'Europe. J. E. Stiglitz avance l'idée d'un euro flexible redonnant un peu plus de souveraineté monétaire aux pays, quand J. Tirole appelle les pays à accepter de perdre un peu plus de leur souveraineté. Cet exemple montre bien qu'une analyse tout aussi rigoureuse d'une situation identique peut aboutir à des différences d'interprétations tant dans le constat que dans les solutions. Cela ne veut pas dire que J. E. Stiglitz et J. Tirole ont faux, ils disent vrai tous les deux mais l'un comme

---

1. *Op. cit.*, p. 14.

l'autre se concentrent sur différents aspects du sujet. C'est en réalité le propre de l'analyse économique que d'offrir des réponses « d'une part » et « d'autre part ». À tel point que le président Harry S. Truman, fatigué des analyses « in one hand » and « in the other hand » de ses conseillers en économie, avait réclamé qu'on lui présente un « économiste manchot ».

On peut citer beaucoup d'autres exemples où des économistes brillants ont affiché des points de vue contradictoires. Reprenons la récente loi travail dite loi El Khomri. Le 4 mars 2016, une trentaine d'économistes dont Jean Tirole, Philippe Aghion, Élie Cohen et Pierre Cahuc signaient une tribune dans *Le Monde*[1]. Ces économistes y avançaient que « la loi El Khomri était une avancée pour les plus fragiles » et qu'elle permettrait l'accès à un emploi durable aux publics défavorisés. Quatre jours plus tard, un autre collectif d'économistes composé, entre autres, de Thomas Piketty, Philippe Askenazy, Julia Cage et Daniel Cohen publiait, dans le même journal, un autre texte intitulé « La loi travail ne réduira pas le chômage », affirmant que « dans l'état

---

1. Collectif d'économistes (J. Tirole *et al.*), « Le projet de loi El Khomri représente une avancée pour les plus fragiles », *Le Monde*, 4 mars 2016.

actuel des connaissances, rien ne permet d'asséner, comme cela a pourtant été fait par un certain nombre de nos collègues dans une tribune récente, qu'une baisse des coûts de licenciement permettrait de réduire le chômage en France[1] ». Difficile de parler de consensus dans ces conditions.

Même la méthode expérimentale mise en avant dans le livre de Cahuc et Zylberberg fait l'objet de débats dans la communauté scientifique. D'abord sur la méthodologie, l'économiste Angus Deaton, Prix Nobel d'économie 2015, avance un certain nombre de limites techniques. Dans un article scientifique, il affirme : « Je soutiens que les expériences n'ont pas de capacité particulière à produire des connaissances plus crédibles que d'autres méthodes, et que les expériences réalisées sont souvent sujettes à des problèmes pratiques qui minent toute prétention à une supériorité statistique ou épistémologique[2]. » Ensuite, même les résultats tirés de cette méthodologie sont encore sujets à controverse. Ainsi, sur l'effet des 35 heures sur l'emploi, Cahuc et Zylber-

1. Collectif d'économistes (T. Piketty *et al.*), « La "loi travail" ne réduira pas le chômage », *Le Monde*, 8 mars 2016.

2. A. Deaton, « Instruments, randomization, and learning about development », *Journal of Economic Literature*, vol. 48, n° 2, 2010, p. 424-455.

berg utilisent l'article des économistes Matthieu Chemin et Étienne Wasmer publié en 2009 dans la prestigieuse revue scientifique *Journal of Labor Economics*. Dans cet article, les deux économistes réalisent une expérience en comparant la situation de l'Alsace-Moselle – qui, du fait du droit local, compte deux jours fériés de plus – avec le reste de la France. Ils montrent que la baisse significativement plus faible du temps de travail en Alsace-Moselle par rapport au reste de la France n'a pas été accompagnée par une hausse du chômage, ni par un niveau moindre de créations d'emplois. Les auteurs concluent donc que la réduction du temps de travail n'a pas d'effet sur l'emploi. C'est donc sur la base de ce travail scientifique que de nombreux économistes affirment que les 35 heures n'ont pas créé d'emplois en France. D'ailleurs, Zylberberg, dans une interview au journal *L'Opinion*, avançait que les créations d'emplois étaient dues à la baisse des charges des lois Aubry et non à la réduction du temps de travail[1]. Pourtant, bien que l'expérience naturelle de M. Chemin et É. Wasmer ait été publiée dans une revue anglo-saxonne renommée, leur travail fait encore débat

---

1. F. Guinochet, interview de A. Zylberberg, « Ce sont les baisses de charges des lois Aubry qui ont créé des emplois, pas les 35 heures », *L'Opinion,* 20 juillet 2016.

dans la communauté scientifique. Selon Olivier Godechot, directeur de recherche au CNRS, les auteurs avaient commis non seulement une importante erreur de code informatique sur une variable clef – la taille des entreprises –, mais, en outre, ils avaient omis de considérer que de nombreux résidents de l'Alsace-Moselle travaillaient en Allemagne, au Luxembourg ou en Belgique. Dans un commentaire de l'article publié sur son site, O. Godechot écrit : « Notre propre travail jette des doutes sur la validité de cette expérience naturelle[1]. » M. Chemin et É. Wasmer ont reconnu leur erreur de codage ainsi que la non-prise en compte des frontaliers, mais arguent sur plusieurs pages que cette erreur et ce parti pris n'affectent en rien les résultats de leurs travaux. Morale de l'histoire : même les résultats d'expériences publiées dans des revues scientifiques font l'objet de débats entre économistes, contrairement à ce que veulent faire croire Cahuc et Zylberberg. Dans ces conditions, parler de « consensus scientifique » en économie, de « vérités » ou de « certitudes » est une hérésie. Les travaux scientifiques offrent des résultats intéressants mais imparfaits

---

1. O. Godechot, « L'Alsace-Lorraine peut-elle décider des 35 heures ? », *Notes et Documents de l'OSC*, série Débats et Controverses, n° 2016, 4 octobre 2016.

parce qu'ils dépendent d'hypothèses, de choix de variables et du contexte (spatial, social ou culturel). Les controverses en économie sont donc normales et challenger des résultats économiques est même la base du métier de chercheur.

Quand les économistes se trompent

En novembre 2008, la reine Élisabeth II fut invitée à la très réputée London School of Economics afin d'inaugurer un nouveau bâtiment. Après avoir écouté un exposé sur la crise financière présenté par le professeur Luis Garicano, la souveraine posa une question en apparence toute simple que tout le monde avait en tête : « Pourquoi personne n'a-t-il rien vu venir ? » Et de fait, avant la crise de 2007, le consensus sur l'efficacité des marchés financiers et leur autorégulation naturelle était tel que la grande majorité des économistes n'avait rien anticipé. Mais la question supplémentaire qu'aurait pu poser la reine d'Angleterre est la suivante : comment se fait-il que ceux qui affirmaient redouter qu'une crise survienne n'aient pas été écoutés ? Car oui, un certain nombre d'économistes avaient identifié les dangers de la déréglementation financière (et ils ne datent pas d'hier, on peut citer notamment

Keynes ou Minsky), oui, certains économistes avaient alerté sur les dysfonctionnements de l'économie américaine (notamment des économistes hétérodoxes). Sauf que ces derniers, considérés comme minoritaires face au consensus écrasant, dans un contexte où les indicateurs économiques étaient au beau fixe, n'avaient pas été entendus. Il y a clairement des lobbies bancaires très puissants qui ont poussé à la déréglementation des marchés financiers mais il est clair qu'une place trop faible avait été donnée à la controverse (que ce soit dans les médias ou dans la communauté scientifique) sur l'efficacité et le fonctionnement de ces marchés. Et cette absence de débats s'explique par le fait que certains – plus écoutés, mieux placés et parfois plus financés – affirmaient justement que la science économique avait tranché sur ce point. On assiste au même genre d'autisme aujourd'hui face aux questions relatives à la flexibilité du marché du travail ou à la mise en place de politiques d'austérité.

Autre exemple de consensus qui s'est révélé être un échec : le consensus de Washington. Le terme a été inventé par l'économiste John Williamson en 1989 pour décrire la convergence d'un ensemble de recommandations émanant d'économistes du FMI, de la Banque mondiale et d'universités très prestigieuses à destination des pays en développement. Pour ces économistes nourris aux préceptes de l'école de Chicago, la clef du développement se résume à « stabiliser, privatiser et libéraliser ». Les politiques issues du consensus de Washington furent appliquées dans le monde entier, notamment via le FMI qui obligeait les pays pauvres à les mettre en place en échange de prêts. Le bilan a été désastreux tant en termes économiques que pour les populations les plus pauvres[1]. Les pays qui sont sortis du sous-développement sont d'ailleurs ceux qui n'ont pas du tout appliqué les recommandations du consensus de Washington. C'est le cas de la Corée du Sud ou de la Chine qui ont subtilement appliqué un modèle mélangeant intervention de l'État et économie de marché. Par exemple, dans les années 1960, la Corée du Sud, alors qu'elle était un des pays les plus pauvres du monde, a décidé de créer des entreprises publiques dans des secteurs comme l'acier ou la construction

---

1. E. Berr et F. Combarnous mesurent l'impact des recommandations du consensus de Washington sur 98 pays en développement de 1980 à 2000. Ils montrent que les pays ayant appliqué fidèlement les recommandations n'ont pas eu de meilleurs résultats économiques tout en devant subir les conséquences sociales de l'ajustement. Voir E. Berr et F. Combarnous, « L'impact du consensus de Washington sur les pays en développement : une évaluation empirique », *working paper*, Centre d'économie du développement, 2004.

navale. Faire de l'État un pilote de l'économie à l'aide d'entreprises publiques était à l'opposé des recommandations du consensus de Washington qui prônait de limiter l'intervention du gouvernement pour que les affaires puissent prospérer. Pire encore, les économistes du FMI et de la Banque mondiale préconisaient à la Corée du Sud de se spécialiser dans des productions nécessitant de la main-d'œuvre à bon marché comme le textile. Qu'un pays pauvre décide de créer son industrie à l'aide d'entreprises publiques était pour le moins farfelu et semblait voué à l'échec, la Banque mondiale a donc conseillé aux donneurs d'aides de ne pas financer ces projets. Le gouvernement sud-coréen ne s'est pas démotivé et a fini par trouver des fonds notamment auprès du Japon pour son projet d'aciérie. Résultats : aujourd'hui, la Corée du Sud a créé des champions au niveau mondial comme POSCO, LG, Hyundai ou Samsung[1]. Jamais cela n'aurait pu être le cas si elle avait suivi scrupuleusement les recommandations du consensus de Washington. D'ailleurs, aucun des pays industrialisés aujourd'hui, à commencer par les États-Unis, n'a appliqué la méthode prônée par le consensus de Washington pour se développer.

---

1. H.-J. Chang, *23 things they don't tell you about capitalism*, Allen Lane, 2010.

Le plus révoltant est que lorsque les économistes se trompent ou lorsqu'ils contribuent à créer les conditions de la crise, ils ne paient jamais le coût de leur erreur. La crise des subprimes a détruit des vies parce que certaines personnes pensaient avoir la science infuse. Idem pour les politiques d'ajustement structurel du FMI qui continuent à être appliquées dans le monde malgré des résultats catastrophiques pour les populations.

L'économie n'est pas une science neutre, marquée par des consensus forts qui seraient autant de vérités immuables. Les modèles et expérimentations produisent des résultats intéressants mais, comme le rappelle très justement l'économiste et professeur à Harvard Dani Rodrik, un modèle reste un modèle mais ne peut être LE modèle[1]. Il faut donc se méfier des remèdes miracles que l'on pourrait appliquer partout et qui fonctionneraient comme par magie. Le manque d'humilité de certains économistes croyant détenir la vérité a eu un impact catastrophique pour des centaines de millions de personnes dans le monde. Le bilan de ces trente dernières années est désastreux. Des plans d'ajustement structurel à la politique d'austérité

---

1. D. Rodrik, *Peut-on faire confiance aux économistes. Réussites et échecs de la science économique*, De Boeck, 2017.

imposée à la Grèce en passant par les dizaines de crises financières depuis les années 1980, des millions de vies ont été piétinées au nom d'un savoir scientifique que seuls les économistes orthodoxes prétendaient détenir à la manière aujourd'hui de Cahuc et Zylberberg. Cette volonté d'uniformiser la pensée économique, d'étouffer la diversité des analyses est dramatique. Elle suppose qu'en démocratie il peut y avoir des alternances politiques mais pas d'alternatives économiques[1]. Or, la seule chose qu'il faut retenir pour l'avenir de nos enfants est que, contrairement à ce que peuvent vous dire des politiques comme Margaret Thatcher – « *There is no alternative* » – ou Emmanuel Macron – « L'autre politique est un mirage » –, en économie, plusieurs avenirs sont possibles. Il ne faut donc pas hésiter à remettre en cause ce qu'on nous présente comme une vérité absolue, à débattre, à exiger des alternatives et à se demander constamment, lorsqu'on vous présente une réforme économique, à qui elle profite.

---

1. Sur ce point, lire l'excellent livre de P. Batifoulier, B. Chavance, O. Favereau, S. Jallais, A. Labrousse, T. Lamarche, A. Orléan, B. Tinel, *À quoi servent les économistes s'ils disent tous la même chose ?*, Les liens qui libèrent, 2015.

2.

LA SOUMISSION VOLONTAIRE

Pour dominer un esprit libre, il faut lui imposer un cadre de réflexion. Ce cadre doit à la fois apparaître comme naturel, tout en étant suffisamment robuste pour que personne ne puisse le remettre en cause et, ainsi, aller à l'encontre des intérêts de ceux qui l'ont établi. L'histoire de la science économique a vu s'affronter différents courants de pensée et autant de théories contradictoires. Selon les périodes, certains en ont dominé d'autres. Aujourd'hui, les économistes néoclassiques représentent le courant de pensée dominant. Historiquement, ce courant s'est d'abord développé entre 1870 et 1914 sous la plume d'auteurs célèbres comme Léon Walras ou Alfred Marshall. Ces auteurs, malgré des divergences, expriment tous une confiance dans le marché et dans sa capacité à réguler l'activité économique. En imposant leur corpus théorique, ils ont astreint à une vision quasiment commune des causes du chômage, de l'efficacité du marché et du rôle limité des interventions de l'État. Personne n'imagine à quel point nos choix politiques sont conditionnés par cette vision de l'économie. Celle-ci envisage ainsi le chômage comme le résultat de rigidités structurelles comme les réglementations sur le travail. Pour le faire baisser, il suffit donc de donner plus de flexibilité au marché du travail. N'est-ce pas ce que propose – comme l'ont fait d'ailleurs tous ses prédécesseurs – le gouvernement d'Emmanuel Macron ? Autre leitmotiv du courant néoclassique, les marchés sont efficaces et permettent une allocation optimale des ressources. N'est-ce pas d'ailleurs ce que prône la Commission européenne lorsque dans un livre vert[1] sur l'union des marchés de capitaux, elle met en avant que « c'est au marché de trouver des solutions[2] » et qu'elle les soutiendrait ? Ce type de raisonnement, mille fois rebattu, a fini par conquérir la majorité des esprits. Or, c'est bien le but d'un cadre : fixer des limites au débat de sorte que

---

1. Les livres verts sont des documents publiés par la Commission européenne dont le but est de stimuler une réflexion au niveau européen sur un sujet particulier. Ils invitent ainsi les parties concernées à participer à un processus de consultation et de débat sur la base des propositions qu'ils émettent. Les livres verts sont parfois à l'origine de développements législatifs qui sont alors exposés dans les livres blancs.

2. Commission européenne, *Livre vert : construire l'union des marchés des capitaux*, 18 février 2015, p. 6.

ceux qui le respectent soient considérés comme des « gens sérieux » et que ceux qui cherchent à s'en affranchir, à proposer une alternative, soient disqualifiés d'emblée, classés comme « utopistes », « doux rêveurs » ou « dangereux irrationnels ». L'histoire économique montre pourtant que les frontières du cadre peuvent bouger, qu'elles ne sont pas déterminées objectivement mais qu'elles dépendent des rapports de force en vigueur.

L'histoire économique et ses épouvantails

La victoire d'un cadre de pensée sur un autre ne s'explique pas parce que le premier serait davantage du côté de la vérité que le second. L'économie n'est pas une science cumulative mais bien humaine, en proie à l'histoire et aux rapports de force. Autrement dit, la dernière théorie économique ne va pas compléter les précédentes. Au cœur de la science économique, il existe un entremêlement de discours contradictoires, de sorte que les questions économiques n'admettent jamais une seule réponse. L'économie est ainsi riche d'une pluralité d'approches. En fonction des époques, des courants de pensée différents ont été dominants et ont inspiré les politiques appliquées avant que d'autres ne prennent leur place. Ainsi, en France (comme dans d'autres pays), le mode de régulation de l'économie était différent entre la période 1950-1970 et celle allant de 1980 à nos jours. La période 1950-1970 est caractérisée par une logique plutôt keynésienne avec une place importante donnée à l'État tant dans son rôle de protecteur (État providence) que de stratège (État investisseur), à la régulation des prix et des marchés et à une meilleure redistribution des fruits de la croissance. À partir des années 1980, une logique plus libérale tirant son inspiration du courant néoclassique s'installe, prônant la baisse de la fiscalité, la déréglementation des marchés financiers et les privatisations.

Pourquoi et comment un courant de pensée en vient ainsi à dominer le débat public ? Ainsi, au lendemain de la Seconde Guerre mondiale, le compromis social se fait dans un contexte où le libéralisme est rendu responsable de la montée du nazisme et du fascisme, et où il existe un contre-modèle – lui aussi, victorieux –, l'URSS. La montée du parti communiste partout en Europe – il est alors le premier parti en France – inquiète le monde des affaires et oblige à développer, pour reprendre le terme du sociologue et philosophe Michel Clouscard, un capitalisme de la séduction. C'est de ce rapport de force qu'est né le compromis social, protecteur et redistributif qui a duré jusque dans les années 1970.

Le passage d'une économie assez administrée par l'État à un modèle plutôt libéral dans les années 1980 s'est fait dans un contexte de crise pétrolière. Les grandes entreprises étaient alors confrontées à deux chocs simultanés : d'un côté, une perte de débouchés car les ménages, au cours des Trente Glorieuses, s'étaient fortement équipés – dans beaucoup de secteurs, il y avait alors une saturation des besoins – et, de l'autre, des coûts de production qui augmentaient avec la hausse des prix du pétrole. C'est dans ce contexte que les représentants du patronat ont milité fortement pour baisser la fiscalité, déréglementer les marchés financiers – afin d'obtenir plus facilement des financements – et rendre flexible le marché du travail – pour abaisser le coût du travail. Les crises permettent souvent de rebattre les cartes des forces en présence. La crise des années 1970 a permis d'engager ce que beaucoup ont appelé le tournant libéral.

De 1980 à 2007, cette logique libérale a été poussée à son paroxysme, au point qu'elle a fini par permettre à la première puissance mondiale, les États-Unis, de distribuer des salaires très faibles pour compresser les coûts des entreprises et de créer des prêts spécialement pour les pauvres, les subprimes, pour qu'ils puissent consommer tout en ayant des salaires de misère. La déréglementation du système financier a ensuite permis de se débarrasser de ces emprunts non remboursés en les transformant en titres pour les faire disparaître dans un système financier parallèle nommé « *shadow banking* ». Ce système complètement fou a fini par provoquer la crise de 2007. Sauf que, à la différence de la crise pétrolière des années 1970, cette crise n'a pas engendré un chamboulement des forces aboutissant à un nouveau mode de régulation de l'économie. Bien au contraire, la logique libérale s'est renforcée.

Un cadre est donc un mélange entre rapports de force et ensemble de croyances économiques à un moment donné. L'histoire montre qu'aucun cadre n'est indépassable et que ce qui paraissait comme une évidence peut en moins d'une décennie apparaître comme peu crédible et obsolète. Bien entendu, ceux qui ont intérêt à ce que le cadre de réflexion ne change pas, qu'il soit impossible d'envisager autre chose, sont ceux qui en profitent. Et vous noterez d'ailleurs que chaque fois que la question d'une autre politique est abordée, chaque fois qu'on met en avant l'argument de la nécessité de mesures sociales, il se trouve toujours quelqu'un, brandissant moult contraintes supposées, pour argumenter que tout changement est impossible. Actuellement, les contraintes les plus utilisées pour éviter toute discussion étant la pression qu'exerce la concurrence mondiale et le poids de la dette publique. Des épouvantails nécessaires pour que nous acceptions sans rechigner ces limites au débat si propices aux puissants.

Du respect du cadre au bal des hypocrites

Une fois que les limites du « raisonnable » sont imposées à notre capacité de réflexion s'opère une forme de décalage entre la nature des problèmes, souvent clairement identifiés, et les solutions proposées pour y remédier. Par exemple, quasiment tout le monde mesure la gravité et l'urgence de la question du réchauffement climatique. Chacun sait également ce qu'il faut faire pour relever efficacement ce défi : développer les énergies renouvelables, investir dans la rénovation des bâtiments pour éviter le gaspillage énergétique, privilégier l'économie circulaire et locale, imposer aux industriels une production compatible avec les exigences environnementales. Sauf que ces solutions admises par tous ne figurent pas dans l'ordre des possibles, tout simplement parce que leur mise en place nécessite de sortir du cadre : des investissements publics importants dans des filières où le secteur privé rechigne à aller et l'injonction de contraintes fortes au secteur énergétique et industriel. Mais comme, dans le courant de pensée néoclassique, la politique budgétaire, en plus de creuser la dette publique, est jugée inefficace et les contraintes aux entreprises sont perçues comme des rigidités empêchant le bon fonctionnement du marché, les solutions possibles deviennent limitées et conditionnées par ce que le cadre a retenu ou non.

Dans le courant mainstream, quelques incitations ou restrictions sont autorisées pour remédier aux défaillances du marché. C'est ce qui compose aujourd'hui la boîte à outils pour lutter contre le réchauffement climatique, à savoir un prix du carbone, une fiscalité verte ou des subventions aux énergies renouvelables. Toutes ces mesures ont certainement une efficacité, mais restent largement en dessous de ce qui est nécessaire pour relever le défi climatique. Elles corrigent partiellement le problème sans s'attaquer au cœur du réacteur. D'ailleurs, une étude américaine publiée dans la revue *Nature Climate Change* montre que les chances de rester sous les 2 °C d'ici à la fin du siècle sont de l'ordre de 5 %[1]. On perçoit bien

---

1. A.E. Raftery, A. Zimmer, D.M. Frierson, R. Startz et P. Liu, « Less than 2 °C warming by 2010 unlikely », *Nature Climate Change*, 2017, vol. 7, n° 9, p. 637-641.

l'écart entre le problème nettement identifié – le réchauffement climatique –, l'horizon désiré clairement établi – rester sous les 2 °C – et la faiblesse des propositions permises par le « cadre ».

Le texte de l'accord de Paris, célébré par tous, reflète parfaitement ces contradictions. Dès le début, l'horizon voulu est énoncé : l'objectif de 2 °C, voire 1,5 °C, d'augmentation de la température d'ici à la fin du siècle. Par contre, dans l'ensemble du texte, ne figure pas le terme « énergies fossiles », pourtant principales responsables du réchauffement climatique. Les transports aérien et maritime ne s'y trouvent pas non plus. Aucune obligation n'est imposée aux États, ni aux multinationales. Pourquoi ? Car en s'attaquant au cœur du problème, on touche à des intérêts financiers énormes… Les mêmes qui s'arc-boutent pour que les lignes du cadre autorisé ne changent jamais. Les mêmes qui vont, en finançant des lobbies, s'assurer de les rendre encore plus robustes. Les mêmes qui ne veulent surtout pas qu'un autre possible, moins intéressant pour leurs affaires, puisse être imaginé.

C'est pour cela qu'il est important de bien cerner les tenants et les aboutissants de ce petit manège, pour ne plus en être dupe. Nous devons refuser ces règles du jeu faussées. Refuser de nous accommoder de solutions qui ne sont pas à la hauteur des enjeux. Ce qui doit primer, c'est l'objectif, certainement pas le respect de ces règles prétendument immuables. Chaque année nous sommes confrontés aux effets du réchauffement climatique – fonte de la calotte glacière, phénomènes météorologiques de plus en plus intenses, dizaines de millions de réfugiés climatiques –, aussi la logique voudrait que nous agissions fortement. Mais le cadre veut qu'on ne brusque pas les industriels – c'est même l'inverse qui est en train de se faire en France avec la baisse de certaines normes environnementales[1] – et qu'on ne creuse pas le déficit pour investir dans les énergies renouvelables et la rénovation des bâtiments – alors même que ce sont deux secteurs qui, en plus d'être utiles, créeraient des emplois non délocalisables. Dans ces conditions, il ne reste que des solutions de deuxième ordre. Les appliquer en connaissance de cause relève de l'hypocrisie.

De nombreuses personnes, parfois de qualité d'ailleurs, préfèrent rester dans le cadre, si imparfait soit-il, plutôt que de tenter de faire bouger les lignes. Nicolas Hulot et Matthieu Orphelin (ancien porte-parole de la Fondation Hulot), en

---

1. Emmanuel Macron va réduire les normes sociales et environnementales pour encourager la construction de logements.

soutenant Emmanuel Macron, président ayant un programme politique garant de la stabilité du cadre de pensée autorisé, ont ainsi rejoint le bal des hypocrites. Matthieu Orphelin, lorsqu'il a annoncé qu'il se ralliait à Emmanuel Macron, a expliqué qu'il avait « passé l'âge des Grands Soirs », fustigeant « l'aveuglement des campagnes électorales où l'on imagine réelles des victoires pourtant impossibles ». Il explique ensuite rejoindre l'ancien ministre de l'Économie, malgré de nombreux désaccords, parce qu'il a le plus de chances d'arriver au second tour. On mesure aisément qu'avec ce type de raisonnement les lignes du cadre de pensée sont loin de bouger. Il y a également ce jeune entrepreneur, diplômé d'une grande école, qui, plutôt que de combattre les causes de la pollution, préfère créer une application qui identifie les rues les moins polluées pour pouvoir faire son jogging. Ou cette étudiante de Sciences-po Paris qui lors d'une conférence sur le réchauffement climatique où je débattais avec la sénatrice Fabienne Keller m'avait lancé du haut de ses 23 ans : « Monsieur, votre exposé est intéressant mais je suis en stage chez Total et vous devez comprendre que derrière le développement des énergies renouvelables, il y a une question de rentabilité et des enjeux financiers importants. » Comment peut-on être si jeune, si diplômée et d'un tel conformisme ? Le problème, c'est qu'en acceptant ces règles du jeu viciées nous devenons, nous aussi, coresponsables de la situation dans laquelle nous sommes. C'est pourquoi il est urgent de sortir de ce cadre. Car le décalage entre les faits et les actes – quelle qu'en soit la raison – est une nouvelle forme, plus discrète et insidieuse, de climato-scepticisme.

Cette hypocrisie volontaire se retrouve dans tous les sujets. Sur la question du chômage, les statistiques montrent qu'on recense 1,5 million de chômeurs de plus depuis 2008. Cette hausse des demandeurs d'emploi est due à la crise économique, mais également aux politiques d'austérité appliquées à partir de 2011 dans la zone euro. La cause se situe donc dans des mauvais choix de politique économique visant à réduire trop rapidement les déficits plutôt que de soutenir la croissance. Alors pourquoi faisons-nous semblant de faire comme si l'origine du chômage se trouvait dans le Code du travail ? Code du travail qui n'a pas énormément changé depuis 2008. Pourquoi passons-nous notre temps à discuter de l'ouverture des magasins le dimanche ? Pourquoi saluons-nous le bilan d'un ministre de l'Économie et ancien conseiller de président parce qu'il a créé 1 500 emplois dans des lignes d'autocars alors que la politique qu'il a soutenue en a détruit plus de

700 000[1] ? Tout simplement parce que, regardez la réalité en face, ce serait admettre que l'austérité n'a pas fonctionné. Pis, qu'elle a même été catastrophique pour l'ensemble de la zone euro qui a mis quasiment dix ans à retrouver son niveau de richesse d'avant la crise avec, encore aujourd'hui, de nombreuses régions plus pauvres qu'en 2007. Même si les faits montrent que l'austérité a été un échec, ce sont les faits qui ont tort et pas la politique mise en place. Il faut donc poursuivre, en allant encore plus loin, ce qui a été un fiasco.

À chaque moment de l'histoire, la conjonction des rapports de force parvient à créer un mode de régulation de l'économie en définissant un cadre des possibles. Dans ce champ des solutions raisonnables, le moteur du système est toujours protégé, c'est même le rôle fixé par le cadre. Le but des puissants qui profitent de ce mode de fonctionnement de l'économie est de faire en sorte que la situation perdure le plus longtemps possible. Il faut donc que les élites embrassent cette pensée. C'est déjà le cas quand certains sujets sont volontairement écartés ou réduits dans l'enseignement

---

1. Entre 2012 (début du quinquennat de François Hollande dont E. Macron a été le conseiller puis le ministre de l'Économie) et 2016 (date de la démission d'Emmanuel Macron), le chômage de catégorie A est passé de 2,8 à 3,5 millions, soit 700 000 chômeurs en plus.

de l'économie, comme l'histoire de la pensée économique ou les rôles qu'ont joué le protectionnisme, l'intervention de l'État ou l'investissement public dans le développement des pays riches. Nous l'avons vu dans le cas du réchauffement climatique, des solutions plus efficaces existent mais elles sont rejetées car elles vont à l'encontre d'intérêts financiers puissants. Or il y a eu dans l'histoire, en fonction des rapports de force, plusieurs formes de mode de régulation du système. Rien n'est établi à jamais, les lignes peuvent bouger. L'intégrer est la première pierre pour que les choses changent.

3.

LE MYTHE
DE LA RÉUSSITE INDIVIDUELLE

Le petit pourcentage d'individus qui s'acca-
parent la majorité des richesses a intérêt à faire
croire qu'ils le méritent. La meilleure façon de
dominer le reste de la population est de faire
accepter par tous, comme une vérité indiscutable,
qu'un individu est maître de son destin et que
la réussite ou l'échec ne sont dus qu'à sa seule
personne. Cette fable est présente partout : dans
les biographies ou les émissions consacrées aux
hommes politiques, patrons, artistes ou sportifs
qui mettent au centre de leur réussite leurs per-
sonnalités plutôt que les institutions qui leur ont
permis d'y accéder ; dans les politiques fiscales
accommodantes à l'égard des très riches qui légi-
timent qu'une grande fortune ne dépend que du
talent de son détenteur et que, par conséquent, la
taxer s'apparenterait à du vol ; dans les politiques
humiliantes à l'égard des sans-emplois qui, jugés
paresseux, doivent être contrôlés systématique-
ment sous peine de voir leurs prestations chômage

diminuer. Voilà comment se manifeste concrètement le catéchisme de l'individu maître de son
destin. La réalité est pourtant bien différente et
les faits montrent que le volontarisme individuel
ne pèse pas grand-chose face à la reproduction
sociale.

La science économique et l'individu

La science économique a beaucoup œuvré pour
légitimer le discours de l'individu seul responsable
de son destin. Cela n'a pas toujours été le cas, et
ce choix résulte d'une longue confrontation entre
courants de pensée depuis plus de deux siècles.
Au XVIIIᵉ siècle, l'économiste Adam Smith, considéré comme le fondateur de l'économie politique[1], publie *Recherche sur la nature et les causes
de la richesse des nations*. Dans cet ouvrage,
Adam Smith se livre à une véritable enquête pour

---

1. A. Smith est considéré comme le fondateur de l'économie politique car il affirme que la création de richesse provient
du travail de l'homme alors que le courant des physiocrates,
ses prédécesseurs, affirmait que seule la terre, don de Dieu, est
source de richesse. A. Smith offrait une analyse rationnelle de
l'économie en y retirant tous les aspects d'ordre religieux. Même
si, malgré tout, le concept de « main invisible » permettant aux
intérêts égoïstes individuels de servir l'intérêt global révèle une
part de mystification dans l'analyse d'A. Smith.

connaître les origines de la richesse des nations. Sa pensée se déploie dans les prémices de la révolution industrielle en Angleterre mais elle légitime également idéologiquement l'ordre économique existant. Adam Smith mettait au centre de son analyse les problèmes de répartition des richesses produites entre trois classes sociales : capitalistes, rentiers et travailleurs. À l'époque, on ne parlait pas d'individu à proprement parler, mais de classe à laquelle il appartient. Pour Adam Smith, le profit est le moteur de l'économie. Or, pour en dégager un maximum, les capitalistes avaient un rôle de premier ordre : faire en sorte de compresser les salaires des travailleurs le plus possible. C'est alors qu'est apparu le concept de salaire de subsistance, l'ancêtre du SMIC, qui permettait à l'ouvrier de se nourrir, lui et sa famille (pour que ses enfants puissent devenir les futurs ouvriers) et de travailler dans des conditions normales à l'usine. En revanche, ce salaire ne devait surtout pas lui permettre d'épargner, afin de ne lui laisser aucune chance de devenir un jour capitaliste lui-même. Il y avait donc dans la vision de Smith une opposition très claire entre deux classes sociales, les travailleurs et les capitalistes. Il reconnaissait d'ailleurs le caractère inégalitaire de l'économie mais le jugeait nécessaire et avançait qu'au final, avec l'accumulation des richesses – et ce que

certains appelleront plus tard le ruissellement –,
« l'ouvrier anglais le plus pauvre sera mieux nanti
qu'un prince indien ». La dynamique de l'économie capitaliste défendue par A. Smith est donc
construite sur l'inégalité entre classes sociales mais
pour qu'au final la création de richesse finisse par
profiter à tous.

C'est en partant de cette vision prétendument
« gagnante-gagnante » d'opposition entre classes
sociales qu'au XIXe siècle Karl Marx développe,
dans *Le Capital*, sa théorie de l'exploitation qui
servira de base à la lutte des classes. Pour K. Marx,
les capitalistes peuvent exercer une domination
sur les travailleurs parce qu'ils détiennent les
moyens de production alors que les travailleurs,
eux, ne peuvent que vendre leur travail et sont
donc obligés de s'en remettre aux capitalistes.
Cette asymétrie, offerte par la détention du capital, permet au capitaliste d'exploiter ses ouvriers
en les faisant notamment travailler plus longtemps que ce qui est prévu par leur rémunération.
K. Marx démontre un point important : si les travailleurs étaient payés pour ce qu'ils produisent,
alors il n'y aurait pas de profit pour le capitaliste,
le but est donc de rémunérer un salarié moins que
ce qu'il rapporte, c'est la logique du capitalisme.
Dans *Le Capital*, Marx expose la violence de l'opposition entre classes sociales et la domination de

l'une par l'autre. Il explique également que plus les travailleurs seront exploités, plus leur résistance contre le capitalisme grandira. La logique de l'économie d'Adam Smith et des économistes classiques est démasquée.

Face à ces démonstrations et au succès qu'elles rencontrèrent, il fallait absolument une riposte du courant classique. La charge viendra d'un courant de pensée qui émerge à la fin du XIXᵉ siècle : les « néoclassiques ». Ces derniers s'acharnent à décrédibiliser la notion de rapport de force entre classes sociales, en recentrant l'analyse sur l'individu et le fonctionnement du marché. Ils tentent également de donner à l'économie l'apparence d'une science neutre en avançant des modèles de plus en plus sophistiqués aux hypothèses de moins en moins réalistes. John Bates Clark, un économiste pionnier du courant néoclassique, explique que les agents sont rémunérés en fonction de leur productivité marginale, c'est-à-dire que chacun reçoit en fonction de ce qu'il a produit. Le salaire chez les néoclassiques ne dépend donc plus d'un rapport de force entre capitalistes et salariés, mais des propres capacités du travailleur – s'il est doué, il sera bien payé et inversement. Les néoclassiques offraient donc une réponse à la critique de Marx adressée aux classiques. Pour Marx, les classiques avaient omis de décrire le fond de la logique capitaliste d'accumulation des richesses : l'exploitation de la classe des travailleurs par les capitalistes. Les néoclassiques déminaient la question de l'exploitation en jetant les bases de la micro-économie, c'est-à-dire en portant l'étude de l'économie sur l'individu. Désormais, les salaires ne dépendent pas de rapports de force ou d'exploitation mais sont fonction de la valeur de l'individu au travail (c'est-à-dire sa productivité). Raisonner de la sorte permet d'écarter les rapports dominants-dominés mis en avant dans l'analyse de Marx.

L'individu, appelé tantôt *homo oeconomicus*, tantôt agent représentatif, va donc prendre progressivement une place importante dans l'analyse économique. Le courant néoclassique validait théoriquement l'ordre économique existant et beaucoup de ses théories furent utilisées par la bourgeoisie contre les revendications ouvrières tirées de l'analyste marxiste[1]. Ainsi, le succès des thèses néoclassiques à partir de 1900 s'explique aussi par la crainte d'une révolution imminente. Dès lors, les économistes nous expliquent qu'un individu est un être « rationnel », dénué d'héritage

---

1. F. Etner, « La fin du XIXᵉ siècle, vue par les historiens de la pensée économique », *Revue d'économie politique*, vol. 114, n° 5, 2004, p. 663-680.

social et motivé par des objectifs qu'il se fixe. Tout au long de sa vie, l'agent va donc devoir faire de bons arbitrages pour atteindre ses objectifs : arbitrage inter-temporel entre travail et études pour augmenter la valeur de son capital humain et donc son futur salaire sur le marché ; arbitrage entre travail et loisir pour pouvoir consommer, etc. Dans cette vision du monde, le destin d'un individu dépend donc de ces choix et il ne tient qu'à lui de faire les bons arbitrages. S'il fait de bons choix dans ces études, il aura un emploi bien rémunéré. S'il préfère le travail aux loisirs, il pourra consommer davantage. Enfin, s'il est productif, alors son salaire augmentera. Certes, il y a une forme de bon sens dans ces affirmations, mais les choix sont souvent influencés par l'origine sociale, la grande absente de l'analyse économique.

Elon Musk, Steve Jobs ou Mark Zuckerberg, pourquoi ce sont (toujours !) les Américains qui réussissent

Chaque biographie de ces jeunes patrons milliardaires propose le même conte de fées : l'ascension fulgurante d'une personnalité hors du commun. On repère, dès l'enfance, les signes précoces attestant un caractère exceptionnel ; un ancien professeur se souvient d'un élève turbulent, pressé de réaliser des choses ; puis la bande de copains de fac témoignent des qualités de leader du futur milliardaire qui perçaient déjà lors des années d'études ; et enfin, la conjointe vient raconter l'amour et l'indispensable soutien qu'elle lui a apportés, point essentiel à toute ascension. Telle est, dans la majorité des cas, la présentation à l'eau de rose du parcours de ces jeunes patrons qui ne dépassent guère le cadre de la personne et de ses proches. Les succès seraient donc à aller chercher dans les caractéristiques de l'individu – notamment le fameux esprit d'entreprise – plus que dans les conditions qui lui ont permis d'y parvenir.

Si l'esprit d'entreprise était la seule caractéristique pour réussir, alors les pays en développement seraient les plus riches au monde. Les habitants de ces pays n'ont pas de grandes entreprises nationales qui les emploient (ils travaillent souvent pour des multinationales dans des postes peu qualifiés rémunérés faiblement). Ils n'ont pas accès à des financements pour monter leur entreprise (sauf du microcrédit avec des taux d'intérêt très élevés qui ne leur permettent que d'avoir des microprojets). Lorsqu'ils sont fonctionnaires, les salaires sont souvent faibles et payés avec du retard. Alors, pour combler ces défaillances institutionnelles, ils développent en parallèle un entrepreneuriat de survie avec une ingéniosité impressionnante. Garde de places de parking, surveillance de véhicules, réparation de tous types d'objets, services à la personne en tout genre... Aucun espace de l'économie n'est laissé de côté et tout ce qui peut rapporter quelques dollars est sujet à la création d'un service. L'esprit d'entreprise est poussé à son maximum, malheureusement aucun des entrepreneurs de ces pays ne deviendra le nouvel Elon Musk. Pourquoi ? Certainement pas parce qu'il serait moins intelligent, mais tout simplement parce qu'il ne dispose pas des mêmes organisations et institutions lui permettant d'avoir accès à la formation, aux ressources financières nécessaires et à un environnement économique adéquats. Warren Buffett, homme d'affaires milliardaire américain, disait très justement à cet égard : « Personnellement, je pense que la société est responsable d'un pourcentage significatif de ce que j'ai gagné. Plantez-moi au milieu du Bangladesh, du Pérou ou d'ailleurs, et vous verrez ce qu'est réellement capable de produire mon talent dès lors qu'il lui faut s'exercer sur le mauvais type de sol ! Dans trente ans je serais encore en train de lutter[1]. »

---

1. J. Lowe, *Warren Buffett speaks: Wit and Wisdom from the World's Greatest Investor*, New York, John Wiley, 1997, p. 164.

La réussite individuelle est avant tout collective car elle dépend des politiques mises en place, des institutions et du capital productif, humain et social d'un pays. Prenons le cas de Steve Jobs. Outre les qualités indéniables de l'homme, le succès de l'iPhone n'aurait pas été possible sans Internet, l'écran tactile, le GPS ou la reconnaissance vocale. Or, toutes ces innovations proviennent du secteur public américain : Internet, le GPS et la reconnaissance vocale ont été développés dans le cadre de programmes de recherche du département de la défense américain, et l'écran tactile a été inventé par un professeur d'université et son doctorant ayant reçu des financements publics[1].

Le succès de l'iPhone ne s'explique donc pas uniquement par le talent de Steve Jobs, mais grâce aux années de recherches et d'investissements publics menés en amont. Une version de l'histoire d'Apple trop peu racontée, trop souvent remplacée par le fabuleux destin et les qualités hors normes de Steve Jobs. Ce genre de storytelling, isolant les fortunes accumulées de leur environnement, est un pilier important de la légitimation de politiques fiscales accommodantes avec les très riches ou même d'une forme de laxisme, voire

---

1. Mariana Mazzucato, *The Entrepreneurial State: Debunking Public vs Private Sector Myths*, Public Affairs, 2013.

d'indulgence à l'égard de l'évasion fiscale. Or la réalité est que, même en trouvant des managers aussi brillants que Steve Jobs, le succès d'Apple n'est reproductible dans aucun autre pays que les États-Unis. La réussite ne se résume pas aux qualités individuelles. Si les Américains réussissent mieux que les autres dans les nouvelles technologies, c'est parce qu'il y a eu en amont de la chaîne d'innovation des investissements publics et un État qui a créé et façonné ces marchés d'avenir, laissant ensuite les entrepreneurs récupérer ces innovations pour les commercialiser. L'impôt, tant dénoncé par la classe entrepreneuriale, est dans les faits précieux car il nourrit leur prospérité. C'est l'État, par des interventions bien choisies, qui crée le cadre nécessaire à son succès.

Comment on a rendu le chômeur responsable de sa situation

À l'extrême opposé de la réussite, l'échec est également individualisé. La question du chômage serait à rechercher dans le comportement de l'individu qu'il faudrait mieux inciter (en diminuant les prestations chômage), puis mieux canaliser (en lui interdisant de refuser plus de deux offres d'emploi) et, enfin, davantage former (pour satisfaire les secteurs en pleine croissance, peu importe si le chômeur aspire à faire autre chose). Cette individualisation de la question du chômage est encore à chercher dans la représentation théorique qu'en fait l'économie. Le courant dominant (les néo-classiques) nous explique qu'un individu effectue un arbitrage entre travail et loisir en fonction d'un salaire proposé par le marché du travail. S'il juge le salaire satisfaisant, alors il accepte de sacrifier son temps de loisir pour travailler. Inversement, si le salaire ne lui convient pas, il choisit le loisir et devient un « chômeur volontaire ». Dans ce courant de pensée, le chômage est donc le résultat d'un choix individuel et volontaire entre loisir et travail.

Mais derrière la théorie se cache, en réalité, une volonté de diffuser des valeurs d'ordre moral. Il y aurait d'un côté des « travailleurs courageux » qui acceptent un salaire faible et, de l'autre, des « fainéants » qui, au même salaire, préfèrent le loisir. La légitimation de l'individu comme responsable de son destin et la stigmatisation du chômeur qui en découle ont trouvé leur source dans cette représentation de l'économie. Le traitement de la question du chômage dans l'économie mainstream cache en réalité un biais moral reprochant aux chômeurs d'être paresseux. Il faut donc les inciter à le devenir moins en les punissant et en les contraignant.

Cette manière de dépeindre le chômeur trouve un écho retentissant dans nos préjugés les plus primaires : finalement, les 21 % de taux de chômage de la Grèce ne s'expliquent-ils pas parce que les Grecs sont un peuple oisif (et tricheurs car ils ont maquillé leurs comptes pour entrer dans la zone euro) ? Le soleil et la mer ne les incitent-ils pas à préférer le loisir au travail ? À l'inverse, le faible taux de chômage de la République fédérale ne se justifie-t-il pas par la nature rigoureuse des Allemands et leur souci du travail bien fait ? N'est-ce pas, certes de manière plus technocratique, la représentation que la Commission européenne en a, en obligeant les Grecs à travailler plus longtemps, en réduisant les prestations chômage et les pensions de retraite ? N'est-ce pas ce que font nos élites en chantant les louanges du modèle allemand qu'il faudrait copier de la cave au grenier ? En interdisant quasiment toute critique ? Le préjugé et la culpabilisation sont bien là, juste camouflés sous un jargon technique.

Pourtant, cette représentation du chômeur ne tient pas. Sauf à considérer qu'il y a des périodes d'épidémies de paresse qui sont tombées, comme par hasard, en 1929 et 2008, les années des deux plus importantes crises économiques. Pourquoi précisément lors de ces deux années des millions d'individus ont-ils préféré le loisir au travail ? Pourquoi depuis 2008, 1,5 million de personnes ont choisi le chômage plutôt que le travail en France ? Pourquoi, au même moment, 3,3 millions d'Espagnols ont fait le même choix que les Français, à savoir s'amuser ? Qu'est-ce qui justifie le choix de ces individus ? Ceux qui connaissent ou ont connu le chômage dans leur vie savent que ces théories sont fumeuses et que le chômage n'est pas le résultat d'un choix individuel, mais le plus souvent une situation subie. Et la politique économique en est souvent le premier responsable. Ainsi, en choisissant de réduire rapidement les déficits à partir de 2011, les pays de la zone euro ont clairement fait un arbitrage contre l'emploi. En pratiquant des politiques d'austérité, les dirigeants européens ont créé une contraction de l'activité qui a aggravé le chômage. Au même moment, les États-Unis faisaient exactement l'inverse en creusant leurs déficits pour soutenir la croissance économique. Le pire, c'est qu'en 2011, avant ces choix de politiques économiques absurdes, le PIB retrouvait quasiment son niveau d'avant la crise (en 2007). Les dirigeants européens ont tout simplement tué la reprise et fabriqué de toutes pièces une crise de la zone euro. Il faudra attendre 2014 pour que la France retrouve son niveau de PIB d'avant la crise. C'est en premier lieu ces décisions catastrophiques de politique économique qui expliquent la hausse du chômage. Certainement pas un manque quelconque de motivation ou de formation des chômeurs. Le problème est macroéconomique (à l'échelle des politiques économiques), pas microéconomique (à l'échelle des chômeurs). Les responsables sont les dirigeants de la zone euro, les chômeurs les victimes de ces politiques.

Les politiques macroéconomiques apparaissent abstraites aux yeux du citoyen, tellement absconses que le coresponsable de ce fiasco, Emmanuel Macron, n'a jamais eu à se justifier de ses erreurs et a été élu président de la République. Quelqu'un lui a-t-il demandé pourquoi, alors qu'il a été un conseiller du président si présent et un ministre de l'Économie tellement dynamique, les chiffres du chômage ont continué à augmenter ? Quelqu'un lui a-t-il demandé pourquoi les traités européens n'ont pas été renégociés alors qu'ils plongeaient la zone euro dans la récession ? Interroger un ancien conseiller et ministre de l'Économie sur son bilan (quatre ans au pouvoir) semble anormal. À l'inverse, dire à un chômeur qu'il doit se prendre en main, faire preuve de bonne foi, accepter des offres d'emploi qui ne correspondent pas à ses qualifications, ne pas faire le difficile, consentir à une formation même si elle ne l'intéresse pas, accepter plusieurs emplois précaires, semble relever du bon sens. L'économie dispose d'outils pour mener de bonnes politiques économiques qui pourraient créer des emplois, engager la transition énergétique ou réduire la dette. Les politiques qui refusent d'utiliser ces outils ou qui l'ont fait de manière erronée sont très heureux de ne pas avoir à se justifier. A-t-on une seule fois entendu un journaliste demander à Emmanuel Macron lorsqu'il était candidat à la présidence de la République – sans même avoir proposé un programme – pourquoi il avait choisi de réduire les déficits, sacrifiant la croissance (et donc l'emploi) lorsqu'il était conseiller de François Hollande ? Pourquoi a-t-il persisté en 2014 lorsqu'il était ministre de l'Économie ? Comment peut-il oser se présenter alors que son bilan est désastreux, autour de 0 % de croissance et 700 000 chômeurs en plus ? Non. En revanche, tout le monde l'a laissé dérouler son programme de coupes sur l'assurance chômage, la dégressivité des prestations, l'interdiction de refuser plus de deux propositions, accompagné de ses sorties de route – désormais célèbres – comme : « Si j'étais chômeur, je n'attendrais pas tout de l'autre. »

Personne ne choisit le chômage. Ceux qui défendent ces politiques humiliantes n'ont probablement jamais vécu le chômage. Sinon ils sauraient qu'il brise des vies ; qu'il est souvent vécu comme un échec personnel ; qu'il déstabilise la cellule familiale et entraîne des divorces ; qu'il provoque l'isolement et aboutit plus fréquemment au suicide[1] ; qu'il est, chaque jour, une honte d'autant plus forte que le discours ambiant tend à rendre le chômeur responsable de son statut.

Pourtant, faire porter la responsabilité de ce statut à une personne est un non-sens économique. Un chômeur, si courageux soit-il, trouvera difficilement un emploi dans une conjoncture morose et, inversement, un « fainéant » en obtiendra un rapidement dans une phase de croissance. Un individu n'a donc aucune influence (ou infiniment faible) sur l'économie, par définition instable et cyclique, mais en subit les aléas conjoncturels. C'est à nos élus d'utiliser des outils de politiques économiques pour tenter de stabiliser l'économie. Quand ils font des mauvais choix – comme c'est souvent le cas depuis plus d'une trentaine d'années –, ce sont les chômeurs qui trinquent. Il ne faut pas inverser la causalité, les chômeurs sont des victimes, souffre-douleur de la crise, martyrs des aberrations économiques des politiques.

L'individualisation des succès et des échecs est un leurre. Dans les faits, 75 % du statut

---

1. M. Debout, *Le traumatisme du chômage*, Fondation Jean-Jaurès/éditions de l'Atelier, 2015.

socio-économique d'un individu est expliqué par
l'origine sociale[1]. Certes il y a des exceptions, des
parcours personnels impressionnants, bien mis
en avant par les groupes sociaux supérieurs pour
entretenir le mythe du superhéros, maître de son
destin. Mais, en réalité, le volontarisme ne pèse pas
grand-chose face à la reproduction sociale et faire
croire que « vouloir, c'est pouvoir » est avant tout
une subtile manœuvre de domination permettant
aux classes sociales supérieures de justifier leur
statut. Et de s'arranger pour contribuer le moins
possible au fonctionnement du reste de la société.
Pourquoi payer des impôts quand on ne doit tout
qu'à soi-même ? De l'autre côté, les chômeurs sont
rendus responsables de leur statut pour éviter de
désigner d'autres coupables comme la politique
budgétaire européenne, l'euro, la financiarisation
de l'économie ou le libre-échange. Tant de totems
auxquels sont soumis nos dirigeants préférant
sacrifier des vies au nom d'un catéchisme économique appris sur les bancs des grandes écoles.

---

1. G. Clark, *The Son also Rises: Surnames and the History of Social Mobility*, Princeton University Press, 2014.

4.

MARCHÉ DU TRAVAIL : DES RÉFORMES LIBÉRALES SANS FIN… ET SANS SUCCÈS

Nous connaissons la musique par cœur : notre pays est bloqué à cause d'un marché du travail trop rigide, les contrats sont trop protecteurs et n'incitent pas les employeurs à embaucher, le Code du travail est lourd et compliqué pour les chefs d'entreprise, les syndicats virulents et peu représentatifs manipulent les lycéens pour bloquer les réformes nécessaires, tous les pays qui ont flexibilisé leur économie vivent dans la prospérité. Voilà le doux refrain qui nous est joué en boucle depuis plus de trente ans par des économistes libéraux (souvent professeurs d'université avec un emploi garanti à vie), éditorialistes, experts, banquiers (plus préoccupés de la santé des marchés financiers que de celle des salariés), think tanks reconnus d'utilité publique, gouvernants de gauche comme de droite et syndicats du patronat (défendant lucidement leurs intérêts). La réalité est pourtant bien différente. La France a mené de nombreuses réformes visant à donner plus de flexibilité au marché du travail sans effets sur le chômage ; les entreprises ont augmenté leurs profits sans créer d'emplois ; les marchés financiers se sont redressés sans impact sur l'économie réelle ; les grands patrons et détenteurs de capitaux se sont enrichis sans que le sort des pauvres s'améliore. Mais la solution, nous dit-on, serait d'aller encore plus loin…

Des réformes, des réformes, encore des réformes

En réalité, la France s'est engagée dans un processus continu de réformes depuis plus de trente ans. Dès 1972, le recours à l'intérim a été rendu légal pour satisfaire le patronat qui réclamait déjà un volant de flexibilité pour pouvoir embaucher. En 1979, les contrats à durée déterminée (CDD) sont introduits dans le Code du travail. D'autres contrats précaires, comme les contrats de chantier pour les salariés du bâtiment, seront créés pour s'adapter aux desiderata des chefs d'entreprise. Tous ont d'ailleurs connu un franc succès : depuis 1980, l'intérim a été multiplié par cinq, les CDD par quatre et les stages et les contrats aidés par trois. Sur la période 2000-2013, pas moins de dix-sept réformes sur la protection de l'emploi ont été mises en œuvre en France. Cent soixante-cinq, si l'on élargit à l'ensemble des champs relatifs au marché du travail (assurance chômage, minima sociaux, accompagnement des demandeurs d'emploi, etc.). Résultat ? Aujourd'hui, 87 % des nouvelles embauches se font en CDD, les salariés en CDD et intérimaires restent dans la précarité, ces types d'emploi sont rarement des tremplins vers une activité durable[1], chaque génération occupe moins d'emplois stables que la précédente, un travailleur français est quasiment autant protégé qu'un Coréen du Sud[2] et, malgré tout cela, le chômage n'a eu de cesse qu'il n'augmente. Mais certains osent encore nous dire qu'il y a trop de rigidité…

Malgré toutes ces réformes, les discours sur la France bloquée, sur les protections des salariés qui découragent l'embauche, sur la casse du consensus de 1945 n'ont pas changé, à la virgule près. En 1983, Yvon Gattaz (père de Pierre Gattaz) déclarait devant l'assemblée du CNPF (rebaptisé depuis MEDEF) : « 1983 sera l'année de la lutte pour la flexibilité (…) L'année de la lutte contre les contraintes introduites par la législation au cours des Trente Glorieuses[3]. » En 1996, dans une interview au journal *Libération*, l'économiste

---

1. INSEE, *Emploi et salaires*, 2014.

2. Indice de protection de l'emploi pour les licenciements individuels ou collectifs de salariés en CDI de l'OCDE en 2013.

3. Y. Gattaz, Extrait du discours à l'assemblée générale du CNPF, 1983.

et professeur Michel Godet (fonctionnaire ayant un poste garanti à vie avec évolution de salaire) avançait qu'il fallait miser sur la flexibilité du marché du travail plus que sur la croissance, allant jusqu'à affirmer que « le salaire minimum ne doit plus cadenasser le marché du travail[1] ». En 2007, Denis Kessler, ex-numéro 2 du MEDEF, dans une intervention intitulée « Adieu 1945, raccrochons notre pays au monde », déclare : « La liste des réformes ? C'est simple, prenez tout ce qui a été mis en place entre 1945 et 1952, sans exception. Elle est là. Il s'agit aujourd'hui de sortir de 1945 et de défaire méthodiquement le programme du Conseil national de la Résistance[2]. » En 2015, Pierre Gattaz, dans une interview accordée aux *Échos*, soutenait : « Il y a une réelle peur d'embaucher (…) c'est le sujet fondamental pour le pays : la flexibilité du marché du travail[3]. » En juillet 2015, Emmanuel Macron, alors qu'il était ministre de l'Économie d'un gouvernement pré-

---

1. C. Forcari, « Le salaire minimum ne doit plus cadenasser le marché du travail », interview de Michel Godet, *Libération*, 1er août 1996. Selon l'économiste Michel Godet, il faut « miser sur la flexibilité du travail plus que sur la croissance ».

2. Denis Kessler, « Adieu 1945, raccrochons notre pays au monde », *Challenges*, octobre 2007.

3. M. Bellan, E. Lefebvre, D. Perrotte, D. Seux, interview de Pierre Gattaz, « Il y a une réelle peur d'embaucher », *Les Échos*, 9 septembre 2015.

tendument de gauche, lâchait devant un parterre de fidèles à Bercy : « Le consensus de 1945 est inadapté. » Quelques mois après, en novembre, dans une interview au *Parisien*, il déclarera : « L'État doit continuer à donner plus de souplesse au marché du travail[1]. » Et ce n'est qu'un échantillon très réduit de la liste des déclarations d'économistes, experts, politiques, représentants du MEDEF contre les acquis sociaux et pour la flexibilité du marché du travail. Trente ans de discours monochromes, trente ans de réformes effectuées, trente ans d'échecs, trente ans d'appauvrissement des plus pauvres, trente ans d'enrichissement des plus riches, tel est le bilan.

Les Français ne sont pas dupes. En majorité, ils comprennent bien que ces réformes ne vont pas arranger leur situation, qu'ils soient en contrat à durée indéterminée (CDI), en contrats précaires ou chômeurs[2]. Individuellement, quelqu'un qui a un emploi stable en CDI se dit bien que si le gouvernement facilite les licenciements, il risque d'être plus facilement mis à la porte de son entreprise.

---

1. « Emmanuel Macron : le numérique est une chance pour tous », *Le Parisien Magazine*, 12 novembre 2015.

2. Selon un sondage Odoxa-Le Parisien réalisé en mars 2016, 71 % des Français sont contre la loi travail. Un autre sondage de l'institut Elabe pour BFMTV révèle en juin 2017 que 61 % des Français sont inquiets devant la réforme du marché du travail.

Il est conscient que la santé de son entreprise ne dépend pas uniquement de son travail personnel ; qu'au cours de sa carrière son entreprise a connu des comptes de résultats bons et d'autres moins bons ; que cela dépend aussi de la conjoncture nationale et/ou internationale ; qu'en 2008 les résultats ont chuté drastiquement à cause de la crise venant des États-Unis ; que lorsque les résultats sont mauvais, les entreprises, pour préserver leur marge, veulent licencier ; qu'elles n'ont pas pu le faire en France autant qu'au Royaume-Uni justement parce que le droit du travail protégeait mieux les salariés.

Concernant les personnes en contrats précaires ou au chômage, leur but est de trouver un emploi stable pour se projeter dans l'avenir, trouver un appartement, imaginer des projets, partir en vacances, ne pas se soucier des périodes creuses. Aucune personne cumulant les contrats précaires n'a envie qu'on lui dise que son statut va devenir la norme. Personne ne veut de la précarité même si elle est associée à un emploi. La majorité de la population ne veut pas de ces réformes. Seuls ceux qui ne cessent de nous en vanter les bienfaits, tout en étant bien à l'abri de ce qu'ils comptent infliger au reste de la population, les défendent. Et pour mieux nous convaincre qu'il faut nous imposer ce que nous ne voulons pas, ils convoquent les comparaisons internationales et les études scientifiques. Car être hostile à ces réformes quand tous les autres pays les font, n'est-ce pas être des enfants gâtés (comme le titrait le livre de Sophie Pedder, rédactrice en chef de *The Economist* en France[1]) ou, plus brutalement, ne pas avoir la capacité intellectuelle pour comprendre ce qui est bon pour nous (d'où la nécessité de faire, comme nous l'avons beaucoup entendu sur les ondes avant le vote de la loi travail, de la « pédagogie ») ? Si vous n'adhérez pas au projet qu'on vous propose, la seule alternative est la suivante : soit vous n'avez pas compris ce dont il s'agit, et il suffit alors de vous expliquer plus longuement la réforme pour que vous soyez convaincus, soit vous avez tout à fait saisi les enjeux, mais vous n'êtes pas d'accord, alors vous vous comportez comme un enfant gâté…

Que disent les travaux scientifiques et les comparaisons internationales ?

Sur les différentes études, le citoyen ne doit pas se laisser berner : aucun consensus scientifique n'émerge sur la question. Il y a autant

---

1. S. Pedder, *Le déni français*, J.-C. Lattès, 2012.

d'études qui démontrent ou démontent le lien entre flexibilité du marché du travail et création d'emplois. D'ailleurs même des organismes comme l'OCDE (Organisation de coopération et de développement économiques) n'ont pas un avis tranché et en changent régulièrement sur la question. Ainsi, en 1994, l'OCDE avait enjoint aux pays du monde de déréglementer leur marché du travail[1]. Pourtant, dix ans plus tard, cette même institution se ravisait et affirmait qu'aucune étude économétrique ne pouvait établir pleinement une corrélation entre le degré de protection de l'emploi et le niveau de chômage. Muriel Pucci et Julie Valentin, deux chercheuses de la Sorbonne, ont fait un état des lieux de l'ensemble de la littérature scientifique sur le lien entre flexibilité du marché du travail et baisse du chômage[2]. Elles montrent l'absence de consensus sur la question. Idem pour le Conseil d'analyse économique (CAE) qui, dans une synthèse des travaux théoriques et empiriques sur le sujet, écrivait en 2015 : « Il n'y a pas de corrélation démontrée entre le niveau de protection de

---

1. *The OECD Jobs Study: Facts, Analysis, Strategies*, OCDE, 1994.

2. M. Pucci et J. Valentin, « Flexibiliser l'emploi pour réduire le chômage : une évidence scientifique ? », *Connaissance de l'emploi,* n° 50, janvier 2008.

l'emploi et le taux de chômage[1]. » Il n'y a donc pas une seule réponse en la matière, et celui qui utilise telle ou telle étude ne cherche en réalité qu'un appui pour justifier son point de vue. Par exemple, lorsque l'on interroge la ministre du Travail Muriel Pénicaud sur l'efficacité des contrats aidés, elle cite des études de l'OCDE et de la DARES[2] pour appuyer son propos mais, quand il s'agit de défendre sa loi travail, les travaux remettant en cause les effets de la flexibilité sur l'emploi ne trouvent, cette fois, aucune valeur à ses yeux. Il faut bien comprendre que les points de vue des politiques ne se font pas en fonction des résultats d'études, c'est même l'inverse, les études sont souvent sélectionnées puis utilisées pour renforcer un point de vue de départ.

L'autre argument de poids censé faire pression sur ceux qui s'opposent aux réformes est la comparaison avec l'étranger. La mélodie qui nous est jouée est également monocorde et ancienne : les autres pays ont déjà mené à bien les réformes,

---

1. CAE, « Protection de l'emploi, emploi et chômage », *Focus*, n° 003, 2015.

2. La Direction de l'animation de la recherche, des études et des statistiques est un service statistique ministériel qui produit des travaux en toute indépendance mis à la disposition du public.

là-bas le chômage est faible, les gens sont heureux, nous sommes les derniers à refuser de faire des efforts alors qu'ils sont nécessaires (il faudrait un jour demander « nécessaires pour qui ? »). Les comparaisons internationales sont souvent présentées de manière très enchantée. En même temps, comme ces pays sont éloignés géographiquement, les prétendues avancées majeures pour les populations sont plus difficilement vérifiables concrètement. Et ceux qui voyagent vont le plus souvent dans les capitales pour de courtes durées, rarement dans les zones dévastées par la crise – souvent éloignées des centres-villes. Ainsi avons-nous eu droit de manière régulière à des éloges du Royaume-Uni. Ce pays libéral merveilleux, longtemps cité en exemple par la Commission européenne pour la libéralisation de son économie, attirant tous les talents du monde comme les Français partis travailler dans la finance (à qui on demande à chaque élection leur avis pour savoir s'ils nous feraient l'honneur de revenir) et affichant un taux de chômage en dessous de 5 %. Un tableau immaculé jusqu'au matin du 24 juin 2016, jour des résultats du vote sur le Brexit, où tous ceux qui avaient défendu bec et ongles ce modèle se sont rendu compte qu'une majorité d'Anglais ne vivait pas dans la représentation idyllique qu'ils en faisaient : 2 millions étaient mal nourris, un million en contrats zéro heure (des CDI sans garantie d'heures payées ni de salaire minimum), des services publics quasiment inexistants dans certaines régions, des zones sinistrées par le chômage, des inégalités de revenus et territoriales en forte progression depuis trente ans. La France découvrait le revers de la médaille du modèle anglais, ce côté qui n'a été que trop rarement montré.

Idem pour les États-Unis, un autre exemple à suivre nous disait-on, où 1 % de la population reçoit plus de 20 % du revenu national (contre 11 % en France, ce qui est déjà énorme) ; où les réformes libérales de Reagan dans les années 1980 ont permis au 1 % de la population d'augmenter ses revenus de 150 % sur les trente dernières années contre 15 % seulement pour les 90 %[1] ; où les salaires étaient tellement faibles qu'il a fallu inventer des prêts pour les pauvres pour soutenir la consommation – les tristement célèbres subprimes ; où le chômage était certes faible mais où l'aide alimentaire ne faisait qu'augmenter. Comme dans le cas du Brexit, ce sont les perdants de la libéralisation de l'économie qui ont voté majoritairement pour Donald Trump.

---

1. J. E. Stiglitz, *Le prix de l'inégalité*, Les liens qui libèrent, 2012, p. 43.

Ces deux votes auraient dû être un avertissement contre les méfaits du modèle libéral, notamment parce qu'il exclut une majorité d'individus et que cette majorité finit par se faire entendre, parfois en mettant le pire au pouvoir. Cela n'a été nullement le cas. Plutôt que de rectifier le tir, de tirer un bilan factuel de cette aventure, de comprendre ce qui a poussé les Américains à voter majoritairement pour Trump, les Anglais pour le Brexit ou une partie croissante de Français pour Marine Le Pen, les gardiens du modèle libéral se sont mis à stigmatiser, voire à insulter les votants : des gens racistes, xénophobes, grossiers, alcooliques, peu éduqués, vieux, ouvriers et campagnards.

On a également loué les mérites du fameux « jobs act » de Matteo Renzi, président du Conseil italien. Pour les défenseurs du libéralisme, l'exemple italien est d'autant plus percutant qu'il s'agit d'un pays traditionnellement peu libéral, un pays du Sud auquel la France n'a pas l'habitude de se comparer. Si « même l'Italie a fait des réformes »... Alors on nous rabâche que Matteo Renzi a osé réformer, que les Italiens y étaient défavorables, qu'il a fait de la pédagogie et qu'au final cela a payé, puisque 500 000 emplois ont été créés en Italie entre 2014 et 2016. Alan Lemangnen, économiste chez Natixis (donc un banquier pour qui la réussite d'une réforme est fonction de la santé des marchés financiers), déclarait dans le journal *Capital* : « Le jobs act italien pourrait être une source d'inspiration pour la France[1]. » Pourtant, il y aurait beaucoup à dire sur les effets du jobs act de Renzi : en 2015, 55 % des jeunes Italiens se trouvent dans une situation professionnelle instable (contre 43 % en 2011), 15 % des stagiaires ont plus de 45 ans, 115 millions de « bons à travailler » (bons d'une heure de travail d'une valeur de 10 euros distribués par les employeurs aux travailleurs, ce qui leur permet d'adapter le temps de travail, à l'heure près, aux besoins de l'entreprise) ont été vendus (contre 10 millions en 2010) et le taux de chômage des jeunes est à 40 % (contre 29 % en 2011). En clair, le jobs act est une catastrophe sociale même si 500 000 personnes ont été sorties, à moindre coût, des statistiques du chômage en devenant stagiaires à 50 ans ou en travaillant quelques heures par semaine grâce aux bons à travailler. Chômeur puis travailleur précaire puis à nouveau chômeur, les statuts changent plus vite, les chiffres du chômage varient, le marché du travail est flexible,

---

1. P. Robert, interview de A. Lemangnen, « Lutte contre le chômage : "Le jobs act italien pourrait être une source d'inspiration pour la France" », *Capital*, 15 mars 2016.

la pauvreté reste… Mais ça, personne ne veut le voir.

Avec l'élection d'Emmanuel Macron, il semble qu'il faille de toute urgence s'attaquer aux dernières rigidités. Désormais, les accords d'entreprise primeront sur les accords de branche et sur la loi alors qu'avant la loi primait sur les accords de branche et sur les accords d'entreprise. Cette inversion de la hiérarchie des normes donne la possibilité aux patrons de négocier directement avec leurs salariés sur le temps de travail et les salaires. Or, n'importe quelle personne ayant travaillé dans une entreprise sait qu'une négociation avec son patron ne se fait jamais sur un pied d'égalité. Ce qui protège aujourd'hui les travailleurs, c'est justement le Code du travail. Avec la possibilité de déroger aux dispositions légales grâce aux accords d'entreprise, les salariés seront moins protégés et, par conséquent, les négociations avec le patronat encore plus asymétriques. D'ailleurs, s'il y a un accord, ceux qui le refusent pourront être licenciés sans motif réel et sérieux. Et si un accord n'est pas trouvé à cause d'une opposition des syndicats, le chef d'entreprise a une deuxième option pour imposer ses desiderata : le référendum d'entreprise. Si les syndicats minoritaires (et coopératifs) réunissent 30 % des voix, ils peuvent mettre la proposition au vote.

Le cas des usines Fiat de Pomigliano d'Arco et de Mirafiori en Italie est un cas d'école de ce que certains qualifient d'avancée démocratique dans l'entreprise. En 2011, il était proposé par référendum aux salariés d'accepter la réduction de leurs droits et la dégradation de leurs conditions de travail en échange du maintien de leur emploi. Grosso modo, la direction demandait aux salariés d'accepter d'être aussi compétitifs que les sites Fiat de Pologne ou de Turquie sous peine de délocaliser. Les salariés avaient donc le choix entre perdre leur emploi (s'ils votaient « non » au référendum) ou le conserver en acceptant une dégradation de leurs conditions de travail (s'ils votaient « oui ») ! Les résultats des votes du référendum ont abouti à un « oui » dans les deux usines (62 % à Pomigliano d'Arco et 54 % à Mirafiori). Enfin, les licenciements vont être facilités (ils l'ont déjà été avec la loi Macron qui simplifiait les efforts de reclassement et les critères sociaux dans les licenciements) avec le plafonnement des indemnités prud'homales qui permettra aux employeurs de connaître le coût d'une violation du droit de licencier. Le préjudice humain n'est plus évalué par un juge, il est connu d'avance, ouvrant la porte à toutes formes de calculs sordides entre les gains financiers engendrés par des licenciements et le coût en termes d'indemnités prud'homales. Et comme tout cela ne suffit pas, une commission sur le SMIC a été mise en place par Bruno Le Maire, ministre de l'Économie : a été nommé à sa tête l'économiste Gilbert Cette pour qui le SMIC est trop élevé et qui défend la mise en place d'un SMIC par régions et en fonction de l'âge. Actuellement, le SMIC est revalorisé chaque année en fonction d'une formule qui dépend de l'inflation et de la moitié de la progression du pouvoir d'achat du salaire horaire de base des ouvriers et employés. Cette formule d'indexation permet de préserver le pouvoir d'achat du SMIC lorsque le prix des biens de première nécessité (nourriture, dépenses d'énergie, etc.) augmente. Parfois, les gouvernements peuvent y ajouter un « coup de pouce » supplémentaire. Les recommandations, sans surprise, du groupe d'experts sont de supprimer tout ou partie de la formule de revalorisation et de s'abstenir de tout « coup de pouce ». Or si le SMIC n'augmente plus lorsque le prix des biens de première nécessité augmente alors le pouvoir d'achat du salarié (qui n'est déjà pas la panacée) diminue. Mais nos experts se défendent de vouloir appauvrir les smicards, ils proposent donc que ce gel du salaire minimum soit compensé par une hausse de la prime d'activité[1]. Mais ce qu'oublient de préciser nos grands économistes, c'est qu'il y a un délai pour recevoir la prime d'activité. Il faut entreprendre des démarches administratives, puis renseigner trois mois de salaire. Par contre, selon leurs recommandations, le gel du SMIC doit être immédiat. Ces tracasseries de pauvres ne semblent pas concerner nos grands experts, sûrement n'ont-ils jamais connu de fins de mois difficiles. Mais surtout, le gel de l'évolution du SMIC est un cadeau pour les entreprises puisque ce sont elles qui paient les salariés. D'un côté, le SMIC n'augmentera pas, de l'autre, le prix des produits qu'elles vendront augmentera avec l'inflation. Et puis, la prime d'activité, censée compenser la perte du pouvoir d'achat des travailleurs au SMIC, sera, elle, payée par l'État. On transfère donc la charge de l'augmentation du SMIC vers le contribuable ! Une nouvelle fois, sous couvert de prétendus effets sur le chômage, on entendait faire un cadeau aux entreprises, financé par la collectivité. Le gouvernement a retoqué les préconisations de cette commission qu'il avait nommée et dont il avait

---

1. Les travailleurs aux revenus modestes peuvent bénéficier d'un complément de revenu (prime d'activité) s'ils en font la demande.

commandé le rapport. Pourquoi ? Pour obtenir, sous couvert d'une expertise non partisane, la levée d'un nouveau tabou : la casse du salaire minimum. Le MEDEF, qui préconisait un SMIC inférieur la première année d'embauche, doit être – encore une fois – ravi[1].

En conclusion, la flexibilité du marché du travail est uniquement la flexibilité à la baisse des droits des salariés, jamais de ceux des patrons, ni des actionnaires. Partout où de telles réformes ont été menées, le chômage a baissé de manière cosmétique, les chômeurs ont été transformés en salariés précaires, les emplois précaires n'ont pas été un tremplin vers des emplois stables, les pauvres (avec ou sans travail) le sont restés, les profits ont augmenté, les marchés financiers ont été euphoriques. C'est ce cycle mortifère pour les salariés qui est mis en place depuis plus de trente ans en France, sans aucun autre résultat que celui de l'envolée des profits et la hausse du chômage. Rien que sur la période 2000-2013, pas moins de cent soixante-cinq réformes ont été effectuées dans des champs relatifs au marché du travail. Pourtant, cela n'empêche pas Benjamin Griveaux, alors

---

1. « SMIC : le MEDEF s'empare de l'idée d'un salaire minimum transitoire », *Le Monde*, 15 avril 2014.

secrétaire d'État auprès du ministre de l'Économie et des Finances, d'avancer que « ça fait trente ans qu'on a le même Code du travail[1] ». Décidément, comme l'écrit Alexis de Tocqueville, « quand le passé n'éclaire plus l'avenir, l'esprit marche dans les ténèbres[2] ».

---

1. Interview de Benjamin Griveaux sur France 2 dans « Les 4 vérités », 6 octobre 2017.
2. A. de Tocqueville, *De la démocratie en Amérique* (1840).

5.

DÉPENSE PUBLIQUE :
POURQUOI TANT DE HAINE ?

Aujourd'hui, être sérieux, c'est vouloir baisser la dépense publique. Comprenez bien, chers concitoyens, la situation est grave : la dépense publique représente 57 % de notre PIB avec une dette de plus de 2 000 milliards d'euros ; nous n'avons plus les moyens d'assurer notre train de vie ; il faut réaliser des économies au plus vite ; tous les pays qui ont réduit leur dépense publique ont des taux de chômage plus faibles que le nôtre ; nous vivons au-dessus de nos moyens, ce qui est inefficace d'un point de vue économique et fait courir un risque aux générations futures à qui nous léguerons une dette impossible à rembourser. Voilà le raisonnement catastrophiste, quasi officiel, qui nous est présenté à longueur d'ondes par certains politiques et experts. Personne pour rappeler que la dépense publique ne tombe pas dans un trou noir, mais finance l'éducation, les hôpitaux, la police, la justice, les retraites ou les prestations chômage. Personne pour rappeler que grâce aux transferts sociaux (allocations familiales, aides au logement…), le taux d'enfants vivant dans des familles pauvres passe de 24,6 % à 7,9 %[1] . Personne pour rappeler que le taux de pauvreté chez les retraités en France est l'un des plus faibles au monde. Non, personne. La dépense publique n'est vue que sous l'angle d'une masse monétaire qu'il faut réduire, jamais pour son utilité. La réalité est que baisser la dépense publique revient à s'attaquer aux classes moyennes et pauvres, à ceux qui n'ont pas les moyens de s'offrir une autre protection que celle assurée par le service public. Pourtant, un autre discours pourrait être tenu.

Ce qui se cache
derrière le terme « dépense publique »

La dépense publique est composée du fonctionnement des administrations publiques

---

1. 24,6 % est la proportion d'enfants vivant dans des familles dont le revenu est inférieur à 50 % du revenu médian sans prendre en compte le versement des transferts sociaux. Grâce aux transferts sociaux, le revenu disponible de ces familles augmente et mécaniquement la proportion de ces enfants passe à 7,9 %.

(rémunération des fonctionnaires, fournitures achetées par les administrations, impôts sur la production et revenus de propriété), des transferts (prestations sociales, subventions et autres transferts), de l'investissement public et des intérêts de la dette publique. Soit en additionnant ces quatre types de dépenses, un total de 1 243 milliards d'euros en 2015 soit 57 % du PIB en France. Cela ne veut pas dire que c'est une part du PIB qui est prélevée, ni qu'il reste 43 % au secteur privé. C'est juste une valeur rapportée au PIB. Répétée sans explication, elle donne l'impression que le public capte 57 % des richesses produites, ce qui est parfaitement faux. Elle sous-entend également que le secteur public est majoritaire par rapport au secteur privé, c'est encore complètement inexact. L'économiste Christophe Ramaux, enseignant-chercheur à l'université Paris I Panthéon-Sorbonne[1], montre que si l'on appliquait la même méthode de calcul à la dépense privée des ménages et des entreprises, cette der-

---

1. La plupart des chiffres sur la dépense publique publiés dans ce chapitre sont issus des travaux de C. Ramaux (maître de conférences et membre des Économistes atterrés) avec qui j'ai eu la chance de travailler à l'université Paris I Panthéon-Sorbonne pendant sept ans. Je recommande son dernier livre paru en 2012 *L'État social. Pour sortir du chaos néolibéral* aux éditions Mille et une nuits.

nière s'élèverait à plus de 200 % du PIB[1] ! En additionnant l'équivalent dans le secteur privé, soit les salaires versés par le privé, les consommations intermédiaires, les impôts sur le produit et la production, les revenus de la propriété, les impôts sur le revenu et le patrimoine, les intérêts, les prestations sociales privées, les transferts courants et l'investissement, on obtient un montant qui dépasse les 4 200 milliards d'euros[2]. Le secteur privé reste donc largement majoritaire, contrairement à ce qui nous est suggéré dans les nombreux débats sur cette question.

En réalité, le montant de la dépense publique détermine ce que nous avons voulu confier au secteur public. Certains pays comme l'Allemagne ont une dépense publique plus faible que la France (44 % du PIB contre 57 % chez nous) car les retraites sont majoritairement par capitalisation et facultatives alors que chez nous elles sont

---

1. C. Ramaux, « Calculée comme la dépense publique, la dépense privée dépasserait 200 % du PIB », *Rue 89*, 2014.
2. Voici les détails du calcul pour l'année 2012 : salaires versés par le privé 817 milliards + consommations intermédiaires des entreprises 1 764 milliards + impôts sur les produits et sur la production 319 milliards + revenus de la propriété 333 milliards + impôts sur le revenu et le patrimoine 238 milliards + intérêts 264 milliards + prestations sociales privées 45 milliards + transferts courants 130 milliards + investissement 333 milliards = 4 243 milliards soit plus de 200 % du PIB.

obligatoires et par répartition. Les retraités sont donc mieux couverts chez nous et par conséquent moins pauvres qu'en Allemagne. La réalité est que le montant de la dépense publique indique un choix de société, certains pays comme le nôtre ont fait le choix d'avoir des services publics financés par la collectivité alors que d'autres ont fait celui de laisser des pans entiers de leur économie au secteur privé. Sauf qu'au milieu de ces comparaisons internationales n'est jamais abordée la seule question qui devrait l'être : la qualité de la protection sociale pour les individus. Comparer uniquement les niveaux de dépenses publiques par pays, pointer que nous sommes au-dessus de la moyenne européenne, sans comparer les services rendus à l'individu, à savoir son taux de couverture sociale, son niveau de retraite, le coût de l'éducation, de la santé en dit long sur la place de l'humain dans nos sociétés.

En France, nous avons choisi de financer ces services par l'impôt pour qu'ils soient gratuits à la consommation. Ainsi, ils permettent, en garantissant un accès à tous, d'assurer un socle d'égalité incompressible. Le financement des services publics par l'impôt permet de mieux répartir la charge sur l'ensemble de la population. En laissant ces missions publiques au secteur privé, on allège certes la pression fiscale, mais la consommation de ces services devra être payée au secteur privé. Une partie de la population, celle qui n'a pas les moyens de payer, en sera donc exclue. La privatisation totale des services publics amènerait à une tarification non remboursable et augmenterait les inégalités dans l'accès à ces services. Si les médicaments ne sont plus remboursés par la sécurité sociale, de fait une frange de la population, en l'occurrence les plus pauvres, ne pourra plus se soigner. C'est le cas aux États-Unis, où le système de santé, essentiellement privé, est plus cher et inégalitaire. Les dépenses de santé y représentent 17 % du PIB contre 11,7 % en France et pourtant, chaque année, 2 millions d'Américains font faillite à cause de factures médicales[1]. Un débat sérieux sur la dépense publique mériterait ce type de comparaisons, mais le simple fait de vous le rappeler fait passer pour un idéologue. Voilà où en est le débat : rappeler que la dépense publique comporte des contreparties bénéfiques à la population, c'est faire de l'idéologie ; être réaliste, c'est dire qu'elle doit baisser sans contrepartie pour les plus pauvres.

Ce que ne vous diront jamais les représentants du MEDEF ou autres experts libéraux, c'est que

---

1. D. Mangan, « Medicals bills are the biggest cause of US bankruptcies: study », *CNBC*, juin 2013.

des cadeaux fiscaux qu'ils ont défendus comme le crédit d'impôt pour la compétitivité et l'emploi (CICE) – mis en place en 2013 puis remplacé par un allègement de cotisations sociales patronales depuis l'élection d'Emmanuel Macron – et le crédit impôt recherche (CIR) – entré en vigueur en 2006 – sont considérés comme des subventions et donc augmentent la dépense publique ! Donc oui, il faut baisser la dépense publique quand il s'agit de service public, jamais quand il s'agit de subventions offertes aux entreprises. D'ailleurs, il faudrait également leur rappeler que 58 % de la dépense publique est constitué de prestations et transferts qui sont perçus directement par le privé. Les pensions de retraite, les remboursements de médicaments ou les prestations chômage servent directement la consommation.

Plus de dépense publique ne veut pas dire plus de dette publique

L'épouvantail de la dette publique est souvent mis en avant pour justifier les coupes dans la dépense publique avec l'argument que « oui, on aimerait offrir plus de protection sociale aux Français mais hélas, nous n'en avons pas les moyens ». Comprenez, chers Français, la dette publique est équivalente à 100 % du PIB, les taux d'intérêt vont finir par augmenter, rendant plus difficile l'emprunt, la banqueroute nous guette, il est temps d'agir. Il y a beaucoup à dire sur ce sujet. Déjà, il n'y a pas de lien entre le niveau de dépense publique et celui de la dette. Certains pays ont des dettes faibles et une dépense publique importante, c'est le cas par exemple du Danemark, qui a une dette publique à 40 % du PIB pour une dépense publique à 55 %. D'autres ont des dettes très élevées avec des niveaux faibles de dépense publique, c'est le cas du Japon, qui a une dette proche de 250 % du PIB avec une dépense publique à 41 % du PIB, ou du Portugal, avec une dette à 130 % du PIB et un niveau de dépense publique à 46 %. Le pire, c'est que les coupes dans la dépense publique ont souvent l'effet inverse : plutôt que de diminuer la dette[1], elles l'augmentent ! Tout simplement parce que ces coupes entraînent une baisse du PIB de sorte que la dette publique exprimée en pourcentage de PIB augmente (parce que le dénominateur, le PIB, diminue plus fortement que le numérateur, la dette). Ainsi, en Grèce, la réduction de plus de 20 % de la dépense publique entre 2009 et 2015 a entraîné une chute du PIB de 25 % et la dette

---

1. En pourcentage de PIB.

en pourcentage de PIB est passée de 126,7 % à 177,4 %.

Deuxièmement, la dette publique n'est actuellement pas une menace. En tout cas, c'est ce que prétendent les marchés financiers en nous offrant des taux d'intérêt extrêmement faibles. Or, des taux d'intérêt faibles sont normalement des incitations à emprunter pour investir. Bizarrement, les libéraux, qui ne manquent jamais une occasion de nous rappeler qu'il faut faire confiance au marché, ne s'y fient pas cette fois-ci. « Surtout pas ! » nous dit-on, les taux vont finir par augmenter, pesant sur l'emprunt, nous obligeant à subir le sort de la Grèce ou du Portugal, à savoir des coupes budgétaires sévères et rapides. Le problème est que ce discours est répété en boucle depuis 2011. Or depuis cette date, les taux d'intérêt sont restés faibles. D'ailleurs, nous avons déjà eu dans l'histoire des taux d'intérêt plus élevés avec un niveau de dette plus faible. Nous avons eu également une dette plus élevée, notamment en 1945 où elle était proche de 200 % du PIB. C'est pourtant dans ce contexte que nous avons créé la sécurité sociale et fait des investissements publics massifs.

Le niveau de la dette n'est pas une raison valable pour limiter l'action publique, c'est un prétexte. Un chiffon rouge agité pour faire peur, pour implanter l'idée qu'il n'y a pas d'autres choix que de faire des économies budgétaires. Ceux qui volontairement attisent ces peurs font mine de vouloir rembourser la dette, il n'en est rien. Lorsque nous avions une dette proche de 200 % du PIB en 1945, nous avons réussi à l'abaisser au niveau de 30 % du PIB au début des années 1950. Comment ? En baissant la dépense publique comme c'est le cas aujourd'hui partout dans la zone euro ? Non, si nous avions choisi cette option, nous n'aurions jamais vécu les Trente Glorieuses. La dette a été résorbée en moins de dix ans en utilisant l'inflation, en instaurant un impôt exceptionnel sur le capital privé, notamment les hauts patrimoines, et en la restructurant, c'est-à-dire en négociant avec les banques[1]. Nous pourrions facilement rembourser notre dette en utilisant cette panoplie de méthodes rapides, malheureusement il n'est pas dans l'air du temps de taxer les hauts patrimoines (c'est même plutôt l'inverse puisque Emmanuel Macron a offert 3,5 milliards d'euros de baisse d'impôts aux 340 000 ménages les plus riches), de laisser filer l'inflation (qui s'attaquerait au détenteur d'actions) ou même de chercher à restructurer notre dette (il ne faudrait surtout

1. T. Piketty, *Aux urnes, citoyens !*, Les liens qui libèrent, 2016, p. 157.

pas négocier avec les banques). Ceux qui veulent s'attaquer à l'État social jugent ces méthodes utopiques (alors même qu'elles ont déjà été appliquées) et préfèrent les coupes dans le service public (alors même qu'elles n'ont pas permis de résorber la dette dans les pays du sud de l'Europe tout en étant extrêmement dures à supporter pour la majorité de la population). En 1945, l'arbitrage s'est fait en faveur du peuple contre les très riches, les banques et les détenteurs d'actions. Aujourd'hui, c'est l'inverse.

Baisse de la dépense publique et impact social

Il est tellement admis qu'il faut réduire la dépense publique qu'un candidat à l'élection présidentielle, pour paraître crédible, doit présenter un plan d'économies. C'est le cas d'Emmanuel Macron, qui a présenté un programme de 60 milliards d'économies sur la dépense publique, indiquant que, lui, « il ne rasait pas gratis ». Ce plan de coupes budgétaires a été accueilli par les médias comme une preuve de sérieux. Personne ne lui a demandé d'expliquer concrètement où allaient être effectuées ces coupes. Personne ne lui a demandé comment il comptait concrètement économiser 25 milliards d'euros sur la sphère sociale ou 15 milliards sur l'assurance maladie. Personne ne lui a demandé comment il comptait étendre les allocations chômage aux autoentrepreneurs et aux démissionnaires, tout en faisant 10 milliards d'économies sur l'assurance chômage grâce à des « réformes structurelles ». Personne ne lui a demandé de préciser ce qu'il y avait concrètement derrière le terme « réformes structurelles ». Personne ne lui a demandé d'être plus clair sur la question des collectivités territoriales quand il disait tout et son contraire, commençant par annoncer qu'il ne voulait pas baisser leurs dotations pour ensuite dire qu'il contractualiserait avec elles une baisse de leurs dépenses de 10 milliards d'euros (!?)[1]. Bref, jamais le fameux « en même temps » de notre président n'avait été poussé aussi loin, mais ce flou ne semblait gêner personne. La réalité est que si Emmanuel Macron avait été poussé à

---

1. La citation originale est : « Je veux rompre avec la méthode de la baisse des dotations consistant à couper les vivres pour provoquer des économies. Cette méthode de régulation budgétaire est trop centralisatrice. Je veux nouer avec les collectivités un pacte sur cinq ans, dans lequel je contractualiserai une baisse de 10 milliards d'euros de leurs dépenses. Cette baisse sera à leur main. Parallèlement, je leur donnerai des marges de manœuvre. » Voir E. Lefebvre, N. Barré, D. Seux, G. Poussielgue, R. Honoré, interview d'E. Macron, « Emmanuel Macron : "Mon projet économique" », *Les Échos*, 23 février 2017.

se justifier, la réponse aurait probablement été dure à accepter pour les Français : des prestations chômage moins élevées et sur des durées plus courtes, moins de médicaments remboursés, moins de crèches, moins de fonctionnaires, moins d'espaces de loisirs dans les collectivités territoriales. Bref, tout ce qui touche les Français dans leur vie de tous les jours. Ces questions n'ont jamais été posées. Ces précisions n'ont jamais été faites par le candidat aujourd'hui président de la République. L'impact concret sur notre quotidien, qui méritait un véritable débat, a été remplacé par de grandes masses monétaires abstraites, synonymes de sérieux.

La réalité est que ceux qui prônent la baisse de la dépense publique veulent s'attaquer à la sphère de l'État social pour la privatiser et en tirer les profits. Des assurances maladie privées ou des retraites par capitalisation feraient le bonheur de quelques grands groupes financiers privés qui verraient s'ouvrir de futurs marchés juteux. Le grand perdant serait le citoyen, qui paierait peut-être moins d'impôts, mais devrait probablement débourser plus en assurance privée comme le montre l'exemple des États-Unis. Certains Américains parmi les plus pauvres n'ayant tout simplement pas les moyens de s'assurer. Le plus grave est que l'Union européenne encourage ce jeu mortifère en forçant les États à libéraliser des pans entiers de leur économie[1] et en encadrant la politique budgétaire. La libéralisation consiste souvent à casser des monopoles ou à survaloriser les notions de performance économique. La Commission, parmi ces trois critères de performance des systèmes de santé, a, par exemple, retenu la garantie de la viabilité financière[2]. Désormais parmi les objectifs du service public se trouve la rentabilité. Il faut donc garantir l'accès et la qualité des soins tout en restant rentable. Protéger et assurer la sécurité tout en restant rentable. Éduquer et former tout en restant rentable. Cette recherche de rentabilité impose d'offrir des qualités différenciées de services en fonction des moyens des usagers – par exemple, l'offre de la SNCF va du TGV pour les riches à Ouibus pour les plus pauvres, en passant par Ouigo pour les revenus moyens.

---

1. La Commission européenne rappelle souvent aux États leurs obligations de libéraliser. Ainsi, à partir de la fin des années 1980, les orientations de politiques économiques de la Commission européenne poussaient les États à engager des séries de libéralisations dans les secteurs de l'énergie, des télécommunications ou des transports.

2. La viabilité financière est la capacité d'une entité de satisfaire ses obligations financières. Le choix des critères d'évaluation d'un système de santé indique quels sont les objectifs importants. Ainsi l'OMS donnait peu de valeur aux critères économiques contrairement à l'OCDE et à la Commission européenne.

La logique marchande remplace celle d'un service public. L'usager devient un client. Comment ensuite s'étonner, avec pareil raisonnement, que des pans entiers de la population, jugés peu rentables, soient laissés sur le bord de la route ?

6.

LA FINANCE,
FAUX AMI DE L'ENTREPRISE

À la fin des années 1970, à la suite des chocs pétroliers, un nouveau mode de régulation de l'économie se met en place. Suivant l'exemple du tandem Reagan-Thatcher, les gouvernements vont réduire le champ de l'intervention de l'État, déréglementer l'économie, privatiser les entreprises publiques et faire confiance aux mécanismes de marché. Le système passe d'une économie plutôt administrée à une économie de marchés financiers libéralisés. C'est l'avènement du rôle central des actionnaires et de la finance dans l'entreprise.

Avec la montée en puissance de la place de l'actionnaire, les stratégies des entreprises vont considérablement se transformer, tout comme la condition des salariés et la place de l'État dans la politique industrielle. L'actionnaire va être placé au centre de cette logique et tout va être fait pour qu'il en soit le principal bénéficiaire au détriment de l'investissement et des salariés. Les salariés vont devenir la variable d'ajustement permettant de satisfaire les exigences de ROE (*return on equity*[1]) des actionnaires. Quant au rôle de l'État, il va être cantonné à offrir un environnement favorable aux capitaux en baissant la fiscalité sur le capital et les hauts revenus. Ce fonctionnement de l'entreprise a favorisé l'envolée des profits qui a majoritairement profité aux actionnaires au détriment des salaires (dont la part dans la valeur ajoutée a diminué) et de l'investissement (qui a été inférieur à ce qu'il aurait dû être compte tenu du niveau de profit). Enfin, la finance, qui à la base devait permettre le financement des entreprises, est devenue une fin en soi, allant jusqu'à être en contradiction avec sa première mission. Au bout du chemin, ce n'est plus la Bourse qui finance l'entreprise, mais bien l'entreprise qui finance la Bourse.

Actionnaires, dirigeants et salariés :
de partenaires à adversaires

Le tournant des années 1980 et le développement de la finance ont fortement modifié l'organisation de l'entreprise, notamment les relations entre les principales parties prenantes : actionnaires,

---

1. Soit l'aptitude de l'entreprise à rémunérer les actionnaires.

dirigeants et salariés. L'entreprise est passée d'une communauté d'intérêts entre actionnaires, dirigeants et salariés (appelé le modèle *stakeholder*) à un modèle (qualifié de *shareholder*) qui donne la primauté absolue aux intérêts des actionnaires détenteurs du capital-actions (c'est-à-dire des fonds propres de l'entreprise).

L'objectif des actionnaires est de maximiser la valeur de leurs actions pour engranger le plus de bénéfices à la fin de chaque année. Pour s'assurer que le dirigeant remplisse cette mission, son salaire sera aligné, grâce aux fameuses stock-options, sur le profit des actionnaires. Ainsi, le premier objectif du dirigeant est désormais d'accroître la valeur actionnariale de l'entreprise et par conséquent de se focaliser davantage sur les attentes des marchés financiers que sur l'économie réelle. La vision du dirigeant devient de plus en plus court-termiste alors que la majorité des activités industrielles ont besoin d'une vision de long terme. Comme le but est de satisfaire les marchés financiers, les grandes entreprises – quel que soit leur secteur d'activité – développent les emplois financiers pour surveiller le cours des actions et organiser des montages financiers – comme les rachats d'actions par l'entreprise elle-même – pour faire augmenter les cours et permettre à l'actionnaire de récupérer encore plus de profits.

Ce développement des emplois financiers se fait, bien entendu, au détriment des emplois productifs destinés à produire les biens. Avec la financiarisation, les taux de profit des grandes entreprises ont donc augmenté, mais paradoxalement celui de l'investissement a diminué. Le différentiel est capté par l'actionnaire. D'ailleurs, en 2016, les entreprises du CAC 40 ont distribué deux fois plus de dividendes qu'elles n'ont réalisé de nouveaux investissements[1].

Un autre phénomène est venu renforcer considérablement le pouvoir des actionnaires : c'est le développement de la gestion collective de l'épargne. Les actifs financiers détenus par les particuliers sont désormais gérés par de puissants investisseurs institutionnels (fonds de pensions, compagnies d'assurances, etc.). Il en résulte une concentration du capital des entreprises entre les mains d'un petit nombre d'investisseurs, ce qui leur permet d'exercer une pression sur les gouvernements, en faisant jouer la concurrence entre États, pour mettre en place des politiques qui leur seraient accommodantes (baisse de la fiscalité et flexibilité du marché du travail). Cette subordination volontaire des États face à la

---

1. C. Chavagneux, « Deux fois plus de dividendes que d'investissements », *Alternatives économiques*, 11 janvier 2017.

finance est d'autant plus accentuée que les États, privés du financement monétaire, empruntent de plus en plus sur les marchés financiers, ce qui consolide l'emprise de la finance sur les choix des politiques économiques. Désormais, le but des politiques est davantage de rassurer les marchés financiers que de s'occuper de la population. D'ailleurs, il est souvent demandé à la population de consentir à des efforts pour contenter la finance. Désormais, l'opinion des agences de notation devient plus importante que l'opinion publique.

Financiarisation des entreprises,
malheur des salariés

Dans ce contexte, le but d'une grande entreprise n'est plus en premier lieu d'investir ou d'innover, mais de distribuer des dividendes aux actionnaires. Une plus grosse partie des profits est donc captée par ces derniers. Par exemple, en 2013, plus de 80 % des profits du CAC 40 ont été utilisés à la distribution de dividendes[1] ! En cas de

---

1. C. Chavagneux, « Les distributions de dividendes plombent l'investissement des entreprises », *Alternatives économiques*, 10 mars 2014.

faibles résultats, il faut compresser les coûts pour assurer la même rémunération aux actionnaires, sinon ils s'en vont. L'effort se porte sur la partie la plus variable de l'entreprise : les salariés (directs ou indirects). C'est ainsi que licencier ou délocaliser peut faire augmenter la valeur actionnariale. Plutôt que d'être un lieu de cohésion entre managers et salariés dans le but d'offrir un produit et de générer un profit, l'entreprise est devenue un lieu d'opposition entre managers (ayant une rémunération indexée sur celle des actionnaires) et salariés (dont la rémunération est contraire à celle des actionnaires). Dès lors, pour garantir des niveaux de profits constants aux actionnaires, il faut pouvoir ajuster la masse salariale aux aléas de la conjoncture économique. Faciliter les licenciements, diminuer leur coût pour l'entreprise (en plafonnant les indemnités prud'homales) et faire en sorte que des baisses de salaires soient décidées à l'intérieur de l'entreprise (et non pas fixées par la loi) sont des mesures qui n'ont pas pour but de créer des emplois contrairement à ce que vous disent les représentants du MEDEF. Mais tout simplement de pouvoir plus facilement compresser les coûts quand le profit n'évolue pas assez vite pour garantir la part du gâteau voulue par les actionnaires. D'où les nombreuses situations où l'on observe des licenciements ou des délocalisations d'usines alors même que l'entreprise réalise des profits. Le salarié est devenu un meuble que l'on peut bouger ou jeter pour préserver la marge des actionnaires.

Je me souviens d'avoir été invité par les salariés d'une raffinerie qui allait fermer. Cette raffinerie appartenait à un grand groupe pétrolier dont le bénéfice se chiffrait à plusieurs milliards d'euros. Compte tenu de l'utilité du raffinage en France et alors même que nous importons du diesel de l'étranger pour subvenir à nos besoins, les salariés voulaient comprendre pourquoi plus de la moitié des raffineries avaient fermé en France depuis 1970. Dans mon exposé, je leur expliquai qu'avec la financiarisation de l'économie les grands groupes avaient été divisés en entités homogènes pour que les dirigeants d'entreprise puissent identifier les entités les moins rentables et s'en séparer. Il y avait donc dans ce grand groupe pétrolier qui les possédait l'entité exploration-production, puis celle du raffinage et celle de la distribution d'essence. Et comme les retours sur investissement étaient plus élevés dans l'exploration-production que dans le raffinage et la distribution d'essence, il fallait donc concentrer la majorité des fonds sur l'exploration-production. Résultat : un manque d'investissements depuis vingt ans dans les raffineries et des moyens de production devenus inadaptés. À un tel point que leur production de carburant ne correspondait plus à la demande française, elles produisaient trop d'essence et pas assez de diesel alors que le diesel représente 80 % de la consommation. Au final, à cause du manque d'investissements, la marge des raffineries se dégradait et la logique actionnariale poussait les dirigeants à s'en séparer pour se concentrer uniquement sur ce qui rapporte le plus (dans notre exemple, l'exploration-production). Les salariés n'avaient au final aucune emprise et ne pouvaient pas faire mieux compte tenu des moyens de production qui leur étaient offerts. Le problème n'était pas une question de défiscalisation d'heures supplémentaires, de temps de travail ou de formations, c'était un problème de sous-investissement conditionné par une logique actionnariale exigeant des rendements de plus en plus importants. Au fond, les salariés de cette raffinerie n'étaient pas dupes, ils voulaient juste qu'un économiste leur confirme ce qu'ils savaient : la mise à mort de l'entité raffinage orchestrée par les actionnaires et le dirigeant de l'entreprise.

La financiarisation de l'économie et la montée en puissance du rôle de l'actionnaire dans un contexte de mondialisation ont donc été catastrophiques pour le salarié et *in fine* pour l'entreprise. Les actionnaires, un petit nombre d'investisseurs institutionnels (fonds de pensions, compagnies d'assurances) choisissent des entreprises en fonction des gains qu'ils peuvent espérer. Pour les attirer, les États mettent en place des réglementations intéressantes comme une baisse de la fiscalité ou un marché du travail plus flexible. La compétition mondiale pour attirer les fonds ne porte plus seulement sur l'avance technologique, les infrastructures, la formation du capital humain, mais aussi sur les réglementations. Le rôle du manager est désormais de faire en sorte que l'actionnaire soit satisfait, pas d'investir sur le long terme pour innover. D'ailleurs, pour dégager des profits supplémentaires, il est plus simple de faire pression sur les salariés que de réfléchir aux moyens d'innover. Mais cette logique se heurte à des limites : on ne peut pas tout délocaliser, ni même augmenter indéfiniment la pression sur les travailleurs sans occasionner des burn-out ou des accidents du travail.

Pour satisfaire les actionnaires, pour qu'ils restent en France dans le cadre d'une économie mondialisée, États et représentants des chefs d'entreprise font porter l'ajustement sur les salariés qui doivent subir les aléas de la conjoncture mondiale (sur laquelle même les plus motivés d'entre eux n'ont, hélas, aucune influence). Le taux de profit des entreprises augmente, mais pas l'investissement puisque la majorité des profits va aux actionnaires. À long terme, l'entreprise n'innove plus, les machines et les infrastructures vieillissent. L'entreprise finit souvent par être rachetée par un concurrent plus puissant. De nombreux fleurons de l'industrie française ont connu ce funeste destin. C'est le cas d'Alstom, qui a été démantelé en entités homogènes pour faire plaisir aux actionnaires (qui pouvaient ainsi identifier les entités les plus faibles et s'en débarrasser) et dirigé par des P-DG qui voulaient le transformer en holding financière (plutôt que de s'occuper de faire des choix d'investissement judicieux) avant d'être racheté étape par étape (la branche énergie par General Electrics, la branche transport par Siemens) jusqu'à ce qu'il n'en reste rien. Pendant une trentaine d'années, les salariés d'Alstom auront été compressés, menacés, licenciés pour augmenter les profits des actionnaires jusqu'à ce qu'il n'en reste plus une goutte. L'État et les gouvernements successifs regardant ce spectacle, intervenant pour sauver les meubles tout en s'excusant de s'ingérer dans les affaires si prospères de quelques-uns mais si désastreuses pour l'emploi industriel, les emplois indirects et les territoires. La cohésion sociale ne méritait pas qu'on brusque ces actionnaires, fonds institutionnels, de peur qu'ils partent ailleurs investir leur argent.

7.

L'ÉPOUVANTAIL DE LA DETTE

La France a plus de 2 000 milliards d'euros de dette, soit 100 % du PIB, cette situation est catastrophique. Nous vivons au-dessus de nos moyens, si nous ne faisons rien, les marchés financiers vont nous punir en augmentant les taux d'intérêt, ce qui va renchérir le coût de l'emprunt et accroître encore plus notre dette. Cette fuite en avant risque de nous mener tout droit vers la faillite et ce seront les générations futures qui devront rembourser nos excès. La dette française est une bombe à retardement, il faut prendre urgemment des mesures d'économies pour contenir sa progression, nous n'avons pas d'autre choix. Voici une compilation des arguments ordinaires qui nous sont répétés à longueur de temps sur la dette. Du « je suis à la tête d'un État en faillite » de François Fillon en 2007 à « la prison qui va peser sur les générations futures » de Bruno Le Maire en 2017 en passant par « le poids de la dette dans le cartable des écoliers » de Xavier

Darcos en 2008, tous ont mis en avant l'épouvantail de la dette publique comme justification à la mise en place de politiques d'austérité.

Or, dans les faits, il n'y a rien de plus stupide que de comparer la dette d'un pays à la dette d'un ménage (un pays ne meurt pas et ne peut être saisi). Il n'y a rien de plus idiot que de se focaliser sur la dette sans prendre en compte le patrimoine (surtout si le patrimoine est plus élevé que la dette). Il n'y a pas plus absurde que de s'inquiéter de la dette publique sans regarder la dette privée (car oui, il y a une dette privée, et c'est même elle qui est responsable de la crise de 2007). Enfin, il n'y a rien de plus aberrant que de penser que la réduction de la dette permettra d'avoir plus de croissance économique (c'est plutôt la croissance qui permettra d'avoir moins de dette). Voilà quelques arguments d'autodéfense destinés à ceux qui, dès que vous tentez d'amorcer l'esquisse d'une politique alternative, vous renvoient à son caractère utopique à cause de la contrainte de la dette.

*« L'État doit gérer sa dette
comme un bon père de famille
ou une entreprise », chiche !*

Cette affirmation a pour but de discréditer le rôle de l'État qui laisserait une dette à ses enfants alors qu'un bon père de famille leur laisserait un patrimoine. Or, trop souvent, ceux qui veulent nous imposer des politiques d'austérité au nom du remboursement de la dette oublient de préciser que le patrimoine des administrations publiques françaises (immobilier et participations financières dans des entreprises) est supérieur au montant de leur dette publique[1]. Nous avons un actif public plus élevé que notre passif et par conséquent les générations futures n'héritent pas d'une dette, mais d'un patrimoine net. Si à cela on ajoute le patrimoine des ménages français estimé à plus de 10 000 milliards d'euros, alors le montant de la dette paraît encore plus dérisoire. Certes, certains vous diront que ce patrimoine composé de biens immobiliers et d'actifs financiers (actions, obligations, assurances vie…) n'appartient pas à l'État mais aux ménages, mais ils font néanmoins partie du patrimoine français. Surtout que la moitié de ce patrimoine est composé de biens immobi-

---

1. T. Piketty, *Le capital au XXIᵉ siècle*, Seuil, 2013, p. 200.

liers (5 000 milliards d'euros) donc impossible à transférer dans un autre pays. En additionnant tous les patrimoines, les Français possèdent plus de 12 000 milliards d'euros, soit six fois plus que leur dette publique. Et c'est ce patrimoine que nous léguerons à nos enfants. En réalité, le vrai problème n'est pas le montant de la dette, et sur ce point les marchés financiers l'ont bien compris puisqu'ils nous offrent des taux d'intérêt extrêmement faibles, c'est plutôt la distribution extrêmement inégale de ce patrimoine en France, et les mécanismes et politiques publiques à mettre en place pour que ce « gâteau » soit plus équitablement réparti entre Français. Mais d'un point de vue global, mieux vaut avoir une dette de 2 000 milliards avec un patrimoine de plus de 12 000 milliards qu'une dette de 500 milliards avec un patrimoine de 1 000 milliards. Comme pour un ménage, le montant d'une dette sans prendre en compte le patrimoine ne signifie rien.

À cela il faut ajouter le fait que l'indicateur de mesure de la dette provoque un effet loupe. Lorsque l'on dit que la dette représente 100 % du PIB, on compare une dette dont le remboursement s'échelonne sur plusieurs années à une valeur annuelle, le PIB. Cela n'est jamais le cas pour un ménage. Si on applique le même mode de calcul à un couple gagnant 32 000 euros par an et ayant une dette de 200 000 euros à la suite de l'achat d'un appartement (qu'ils rembourseront pendant vingt-cinq ans), leur dette représente 625 % de leurs revenus d'activité ! Une situation vécue par beaucoup de Français. Et si ce couple décide de faire un enfant, personne n'aurait l'idée saugrenue de penser qu'ils vont lui laisser des dettes. L'enfant aura la chance d'hériter du patrimoine de ses parents. En appliquant cette logique stupide qui compare deux temporalités différentes – le montant total de la dette et la création de richesse annuelle – aux ménages et même aux entreprises, on se rend compte qu'en réalité le taux d'endettement des États est bien moins alarmant que ce qu'on veut bien nous faire croire.

Il faut également ajouter que notre ménage ci-dessus a un emprunt sur vingt-cinq ans. S'il a des problèmes pour rembourser, il peut l'étendre à trente ans, mais rarement plus. Il ne peut pas demander un échelonnement des remboursements sur cent ans, tout simplement parce qu'il risque de mourir avant d'avoir acquitté sa dette. C'est la grande différence entre un ménage et un État : les personnes meurent, pas les États. Et le montant de ce qu'on peut emprunter est lié à notre capacité de remboursement dans un temps limité. Si nous pouvions vivre le double d'années, nous pourrions emprunter deux fois plus. L'État n'est pas confronté à ce problème temporel, en tout cas pas à l'échelle d'une vie humaine. Le Trésor britannique a ainsi terminé de rembourser en 2015 des obligations émises en 1720[1] ! L'urgence du remboursement d'une partie de la dette à l'échelle d'un quinquennat, qui plus est dans une période de faible croissance, est donc stupide.

Surtout que pour rembourser la dette publique, le gouvernement va devoir réaliser des coupes sévères dans les services publics, c'est-à-dire très concrètement moins de moyens pour les hôpitaux, les pompiers, la police, l'armée, les prestations sociales et l'investissement dans les infrastructures. Faisons-nous réellement un cadeau aux générations futures si nous leur léguons un pays avec des écoles ou des hôpitaux sans moyens ? Des remboursements de dépenses maladie et des retraites réduits ? Des infrastructures délabrées faute d'investissement ? Ne portons-nous pas atteinte à leur avenir en leur supprimant de nombreux services qui ont une utilité sociale ? C'est comme si l'on demandait à ce bon père de famille d'augmenter le montant des remboursements de son emprunt pendant cinq ans alors que ses revenus n'augmentent pas, et, pour cela, de rogner sur

---

1. Y. Varoufakis, *Conversations entre adultes. Dans les coulisses secrètes de l'Europe*, Les liens qui libèrent, 2017, p. 498.

les autres dépenses du ménage. Pendant cinq ans, son enfant mangera moins bien, ira moins souvent chez le médecin, aura moins de fournitures scolaires, de loisirs et de vacances. Après cinq ans, la dette du ménage aura certes baissé, mais pas sûr que le sous-investissement dans le capital humain de l'enfant – pour reprendre des termes très économiques – aura un impact positif sur son avenir. C'est pourtant ce scénario qu'on nous propose...

Il y a ensuite ceux qui disent qu'il faut gérer l'État comme une entreprise. Dans la tête de ces gens, jamais un chef d'entreprise ne pourrait se comporter comme un État sinon l'entreprise ferait faillite. Pourtant un simple rappel du montant de la dette privée met à mal ce raisonnement simpliste : la dette privée s'élève à 130 % du PIB, bien au-dessus de la dette publique. D'ailleurs, les États et les organismes internationaux, à force de se concentrer sur la dette publique, ont souvent négligé la surveillance de la dette privée. Pourtant, cette dernière a fait des ravages. Par exemple, avant la crise de 2007, l'Espagne avait une dette publique de 40 % du PIB (ce qui en faisait un bon élève de la Commission européenne) mais son endettement privé atteignait 317 % du PIB ! L'endettement privé indiquait clairement une surchauffe de l'économie espagnole, notamment une bulle immobilière qui allait exploser en plein vol. Mais dans la tête des technocrates et des experts, le secteur privé se régule de lui-même… Bien sûr ! Comme toujours, cette dette privée a été en grosse partie épongée par de l'argent public, augmentant ainsi la dette publique.

Il en est de même pour la crise des subprimes de 2007 aux États-Unis. Il est important de rappeler que la deuxième plus grosse crise après celle de 1929 provient d'un excès de dette privée. Au début des années 2000, le président Bush souhaitait que les ménages pauvres deviennent propriétaires. Comme il n'était pas question d'augmenter les salaires, un crédit adressé aux ménages les plus modestes et présentant des garanties insuffisantes pour accéder à un prêt normal a été inventé : le subprime (qui signifie « en dessous du premier choix »). N'importe quel esprit un peu sensé savait que faire un prêt à un ménage ayant deux ou trois mois d'impayés par an sur ses anciens crédits ou une capacité déjà limitée à payer ses dépenses mensuelles nécessaires était une pure folie. C'était pourtant les critères exigés pour bénéficier d'un crédit subprimes. Dans l'insouciance générale, ce crédit a eu un tel succès qu'il représentait 40 % des nouveaux crédits en 2006. Le FMI, trop occupé à surveiller les dettes publiques des pays pauvres, n'a rien vu venir. Rares sont les économistes qui voyaient un problème au développement de ces prêts offerts à des individus dans l'incapacité de rembourser. C'est pourtant cet excès de dette privée accompagné des dérives financières mises en place pour le cacher qui a créé la crise américaine de 2007. Crise qui s'est propagée à l'ensemble du monde. D'ailleurs pour éviter que les banques, qui avaient acheté massivement des produits dérivés issus de ces crédits pourris, chutent les unes après les autres, c'est l'État qui est intervenu (autrement dit le contribuable), augmentant instantanément la dette publique. En France, la dette publique, qui était autour de 65 % et quasiment stable entre 2003 et 2007 (ce qui correspondait quasiment au niveau des critères de Maastricht de 60 % du PIB), a atteint 79 % en 2009. À cela il faut ajouter l'effet dépressif de la crise sur l'économie qui, avec la perte d'activité, a vu les rentrées budgétaires diminuer d'un côté et, avec la hausse du chômage, les prestations sociales augmenter de l'autre. D'où la très forte augmentation de la dette à partir de 2009.

Veut-on réellement rembourser notre dette ?

Il est intéressant de rappeler que les États-Unis étaient en mesure de rembourser leur dette au début des années 2000 et qu'ils ont volontairement décidé de ne pas le faire. En effet, alors qu'ils avaient des excédents budgétaires importants, de l'ordre de 2 % du PIB, Alan Greenspan, président de la Federal Reserve, a eu peur que la dette publique américaine ne soit trop rapidement remboursée. Car sans la dette, il n'y aurait plus de bons du Trésor à acheter et sans bons du Trésor à acheter ou à vendre, la conduite de la politique monétaire, visant à relever ou à baisser les taux d'intérêt, devenait plus difficile. Donc pour ralentir le remboursement de la dette, qualifiée alors de crise potentielle, Alan Greenspan et George W. Bush proposèrent une baisse d'impôts pour les plus riches et, rapidement, les excédents budgétaires se transformèrent en déficits. Ils ont donc volontairement saboté la possibilité de rembourser leur dette pour des raisons politiques. Cet exemple montre bien que la dette, en fonction des réformes que l'on veut imposer, est tantôt érigée comme une priorité, tantôt comme un problème secondaire.

Actuellement en France, le désendettement public est présenté comme une priorité de la politique économique parce qu'il justifie les coupes sur les dépenses publiques. Mais cela n'a pas toujours été le cas. Ainsi, la politique du franc fort menée par le ministre de l'Économie Pierre

Bérégovoy au début des années 1990 a fait grimper les taux d'intérêt à un niveau supérieur à celui du taux de croissance, entraînant ce que les économistes appellent un « effet boule de neige » sur le montant de la dette. Cette situation est celle tant redoutée aujourd'hui par les experts libéraux qui nous rabâchent depuis 2011 que si nous ne faisons pas les efforts nécessaires (à savoir des coupes dans la dépense publique) alors les taux d'intérêt vont augmenter. Pourtant à l'époque, malgré cette augmentation spectaculaire de la dette et des taux d'intérêt (qui étaient supérieurs à ceux d'aujourd'hui), les mêmes experts libéraux nous indiquaient qu'il ne fallait surtout pas changer de politique économique. La croissance de la dette était alors un problème secondaire, la priorité était de mettre en place une politique libérale, comme dans le cas des États-Unis en 2001, comme dans le cas de la Grèce aujourd'hui où l'austérité justifiée par la nécessité de diminuer la dette a entraîné davantage de dette justifiant davantage d'austérité et ainsi de suite.

Et puis si l'augmentation de la dette était un véritable problème qui mettait l'ensemble des Français en danger, alors pourquoi les gouvernements successifs ont-ils baissé de 130 milliards d'euros les impôts entre 2000 et 2010 ? Pourquoi la Commission européenne, si prompte à inciter les pays à appliquer des mesures d'austérité, ne condamne-t-elle pas les paradis fiscaux en Europe (permettant à plusieurs dizaines de milliards d'euros par an d'échapper au budget français) ? Pourquoi Emmanuel Macron veut-il baisser les impôts de plus de 20 milliards[1] ?

La question de la dette est bien plus complexe que la seule question de son remboursement. Contrairement à l'idée reçue, l'État n'est pas un si mauvais gestionnaire, la preuve en est que la dette publique reste largement inférieure à celle du secteur privé. L'objectif de réduire la dette n'a pas toujours été la priorité des politiques économiques, nous l'avons vu dans le cas de la France dans les années 1990 et dans celui des États-Unis dans les années 2000 où des mesures appliquées volontairement ont fait augmenter la dette. Par conséquent, il y a clairement une forme de géométrie variable : quand il s'agit de baisser la fiscalité des plus riches (ou de mener toute autre politique

---

1. Emmanuel Macron et son gouvernement offrent une réduction d'impôts de 22 à 24 milliards d'euros pour les entreprises et les ménages les plus riches (exonération des actifs financiers sur l'ISF : 3,5 milliards + impôts sur les revenus financiers réduits à 30 % : 1,5 milliard + suppression de la taxe sur les dividendes : 2 milliards + baisse de l'impôt sur les sociétés de 28 % à 25 % : 15 à 17 milliards).

libérale) alors la dette est un problème secondaire ; par contre, lorsqu'il est question d'investir dans le service public ou la transition énergétique, elle en devient un. Idem sur la question des taux d'intérêt : lorsqu'ils sont faibles, comme c'est le cas aujourd'hui, et donc incitent clairement à une relance de l'investissement public, on vous dit – comme depuis 2011 – qu'ils vont augmenter et par conséquent qu'il faut faire les réformes avant qu'ils n'augmentent. Et à l'inverse lorsqu'ils étaient à des niveaux plus élevés qu'aujourd'hui à cause de l'application de mesures libérales – comme dans les années 1990 –, la dette est devenue un problème secondaire. Si la dette était un vrai problème, alors nous mettrions en place un plan sérieux pour alléger son poids. C'est ce que nous avons fait au lendemain de la Seconde Guerre mondiale en taxant les très hauts patrimoines, ou plus tard en restructurant la dette auprès des financiers ou en négociant plus d'inflation dans la zone euro. Mais la réalité est que la dette importe peu, elle n'est qu'un épouvantail pour mettre en place des politiques libérales visant à réduire la place de l'État dans l'économie.

8.

LA CASSE DU MODÈLE SOCIAL :
POURQUOI UN TEL ACHARNEMENT ?

Chaque fois que le terme « modèle social »
est évoqué dans une émission, c'est pour rappeler son coût, expliquer pourquoi ce carcan rigide
empêche l'économie française de s'adapter à la
mondialisation, dramatiser les fraudes sociales
pour mettre en doute l'efficacité des mécanismes
de redistribution et accuser les fonctionnaires
d'être des privilégiés, inefficaces, trop nombreux
et trop coûteux. La solution proposée est d'une
grande originalité : il faut réformer ce modèle,
c'est-à-dire faire en sorte qu'il soit moins « social ».
Comment ? En organisant son rétrécissement,
via des coupes sur les dépenses. Cette grille de
lecture erronée est d'autant plus facilement vali-
dée par une grande majorité d'individus que le
terme « modèle social » peut paraître abstrait et
évoque une mécanique lourde manquant d'efficacité. Encore une fois, les arguments sont déroulés
sans contradiction et les termes du débat finissent
par s'installer ainsi. Il devient inenvisageable

de proposer une amélioration du modèle social, puisque la seule voie possible est de le casser. Le débat se limite à discuter de l'ampleur de sa destruction. Pourtant, un simple rappel de ce qu'est le modèle social permet déjà d'en avoir une idée plus juste. Il représente l'ensemble des institutions et des législations ayant pour but de protéger les Français contre les aléas de la vie, à savoir la sécurité sociale, le droit du travail, le salaire minimum, les allocations chômage, les aides sociales et l'accès à l'éducation et aux soins. Il est donc essentiel dans la vie quotidienne d'une majorité de Français. Proposer à une personne gagnant le SMIC un monde sans modèle social, lui faire miroiter qu'elle paierait moins de cotisations sociales, et donc verrait son revenu augmenter de quelques centaines d'euros par an est fallacieux, si on ne lui explique pas dans le même temps qu'elle devra payer ses médicaments au prix fort, tout comme l'école pour ses enfants, les services des pompiers et de l'hôpital. Et si on ne précise pas que ces changements interviendraient, bien sûr, dans un contexte social dégradé où son patron pourra lui imposer de travailler le dimanche, lui supprimer ses primes comme ses temps de pause, et où l'on pourrait envisager de diminuer son salaire, aujourd'hui protégé par la loi, en fonction des résultats de l'entreprise. Hormis quelques rares très hauts revenus qui verraient un gain entre les impôts qu'ils paient et l'utilisation des services publics qu'ils font, rares sont ceux qui accepteraient de se passer de notre modèle social. C'est pour cela qu'il est urgent d'en rappeler l'efficacité et pourquoi il est primordial de le préserver, voire de l'améliorer plutôt que de le détricoter.

Qui en veut à notre modèle social ?

Le raisonnement économique est simple (voire simpliste) : quand on fait payer des impôts aux riches ou aux entreprises afin de financer des aides sociales, on freine la création des entreprises et on fait fuir les riches sur des terres fiscales plus accommodantes et on incite les pauvres à la fainéantise en leur distribuant des prestations sociales. Le modèle social créé donc des rigidités structurelles qui rendraient notre économie inapte à mener une compétition mondiale. C'est, selon la même logique, en réclamant des baisses d'impôts destinées uniquement à investir et à créer des emplois, que les entreprises font pression sur nos gouvernants (consentants) depuis des années. Un chantage qui a bien réussi : le coût des baisses d'impôts se chiffre à 100 milliards entre 2000 et 2010[1] sans inclure les exonérations de cotisations sociales autour de 30 milliards ; les 457 niches fiscales vont faire perdre près de 100 milliards de recettes à l'État en 2018, bien plus que le déficit que l'on s'acharne à rembourser avec des politiques d'austérité ; enfin, le crédit d'impôt pour la compétitivité et l'emploi (CICE) et le pacte de responsabilité ont offert 40 milliards de baisses de charges aux entreprises. Quel a été l'effet de ces baisses successives de fiscalité ? Globalement, elles n'ont pas servi à l'investissement mais plutôt à renflouer les actionnaires et les emplois promis n'ont pas été créés ou faiblement. France Stratégie, organisme de réflexion rattaché au Premier ministre, a fait des évaluations *ex post* des deux premières années du CICE, aucune des études n'arrive à mettre en évidence des répercussions non négligeables sur l'emploi[2]. Philippe Askenazy, économiste et membre du comité de suivi du CICE, estime que les emplois créés ou sauvegardés sur la période 2013-2014 sont de l'ordre de 50 000 à 100 000[3]. On est loin du « un

---

1. G. Carez, *Rapport d'information, Assemblée nationale*, n° 2689, 30 juin 2010.

2. France Stratégie, *Rapport 2017 du comité de suivi du crédit d'impôt pour la compétitivité et l'emploi*, Comité de suivi du CICE, 4 octobre 2017.

3. « Emploi : le bilan décevant des premières années du CICE », *Le Monde*, 29 septembre 2016.

million d'emplois » promis par Pierre Gattaz…
Quoi qu'il en soit, le gouvernement actuel semble
juger ces résultats satisfaisants puisqu'il continue de
s'engager dans une baisse d'impôts, notamment en
faisant passer l'impôt sur les sociétés (IS) de 33 %
à 25 % et en exonérant les placements financiers de
l'impôt sur la fortune (ISF).

La justification de la suppression de l'ISF sur
les placements financiers bat tous les records de
mauvaise foi. Le gouvernement avance la fuite
des riches et la volonté d'orienter l'épargne vers
l'investissement. Or, sur le premier argument, la
fuite des riches, les chiffres de l'administration fiscale montrent que les départs sont de l'ordre de
800 par an et les retours de 300, soit un solde
de départs nets de 500 ménages (0,2 des assujettis
à l'ISF) pour un manque à gagner moyen s'élevant
à 170 millions d'euros par an pour les finances
publiques[1]. C'est donc pour éviter de perdre 170
millions d'euros par an que le gouvernement a
décidé d'exonérer une partie de l'ISF et de perdre
3,5 milliards d'euros par an ! Quant au second
argument de l'épargne qui financerait l'investisse-

---

1. Manque à gagner pour les finances publiques des départs
nets en moyenne entre 2002 et 2012 selon le rapport du ministère des Finances du 30 septembre 2015, « Évolution des départs
pour l'étranger et des retours en France des contribuables et évolution du nombre de résidents fiscaux ».

ment, il faut noter que lorsque l'épargne se dirige vers la Bourse, dans 99 % des cas elle permet l'acquisition d'actions déjà émises. Cet argent ne profitera donc pas aux entreprises mais à l'épargnant qui la vend[1].

Le problème est que ces choix politiques sur le plan fiscal entraînent une baisse des recettes et un creusement du déficit. Or, pour le réduire, les mêmes gouvernements coupent dans les dépenses sociales. Le modèle social devient donc trop lourd à assumer à partir du moment où certains refusent d'y contribuer.

Le modèle social contribue à la croissance

Dans le débat public, on oublie souvent de rappeler ce qui devrait être une évidence : l'impôt et les prélèvements ne sont pas une punition infligée aux entreprises ni aux populations pour les empêcher de croître ou de consommer, ils financent des services publics et des prestations sociales, qui, en plus d'avoir une utilité, ont un impact sur l'économie. La période d'après-guerre, caractérisée

---

1. Lire la note des Économistes atterrés (A. Eydoux, M. Lainé, P. Légé, C. Ramaux, et H. Sterdyniak), « 2018 : un budget de classe », octobre 2017.

par l'octroi de droits sociaux supplémentaires et la montée en puissance de l'État social, a rendu possible une croissance inédite dans l'histoire économique. La croissance a progressivement permis à des franges plus nombreuses de la population d'accéder à un niveau de vie jusque-là inconnu. D'ailleurs, contrairement à l'idée reçue, les comparaisons internationales ne révèlent pas de corrélation entre le niveau de prélèvements obligatoires et celui de la croissance. Des pays avec des niveaux de prélèvements obligatoires élevés ont parfois connu une croissance plus forte que d'autres où ils le sont moins. Par exemple sur la période 1997-2007, la Suède a obtenu de meilleurs résultats que le Japon, malgré des taux de prélèvements obligatoires bien plus élevés[1]. Cet exemple montre que les raisons d'une faible croissance ne sont pas à aller chercher dans le modèle social, mais bien ailleurs.

Pourtant, c'est bien une charge contre les acquis sociaux qui est organisée depuis les années 1980. Les politiques fiscales anti-redistributives mises en place aux États-Unis, puis en Europe n'ont pas permis de créer de l'emploi, ni de redresser l'économie. Elles ont simplement augmenté les

---

1. Comparaison des taux de croissance du PIB annuel (%) sur la période 1997-2007 (données Banque mondiale).

inégalités sociales et creusé les déficits. L'économiste Lucas Chancel explique dans son ouvrage *Insoutenables inégalités* que les inégalités actuelles dans les pays de l'OCDE sont 40 % plus élevées qu'elles ne l'auraient été si le niveau de redistribution (impôts et transferts sociaux) était resté le même qu'il y a trente ans. Les comparaisons internationales montrent également que les inégalités ont augmenté le plus fortement là où les taux d'imposition ont le plus baissé (aux États-Unis et au Royaume-Uni)[1]. Or, plusieurs études montrent que les inégalités sont plutôt néfastes pour la croissance économique[2].

La France a connu également un fort accroissement des inégalités. Comme le montre l'économiste Thomas Piketty, entre 1983 et 2015, le revenu moyen des 1 % les plus riches a progressé de 100 % contre 25 % pour le reste de la population[3]. Car il est important de préciser que

---

1. L. Chancel, *Insoutenables inégalités*, Les petits matins, 2017, p. 68-69.

2. On peut citer notamment l'étude du FMI : M.E. Dabla-Norris, M.K. Kochhar, M.N. Suphaphiphat, M.F. Ricka, E. Tsounta, *Causes and Consequences of Income Inequality: A Global Perspective*, FMI, 2015, ou celle de l'OCDE : *Tous concernés : pourquoi moins d'inégalité profite à tous*, éditions OCDE, 2015.

3. T. Piketty, « De l'inégalité en France », *Blog de Thomas Piketty*, 18 avril 2017.

notre modèle n'est pas resté figé depuis l'après-guerre. Des piliers de l'État social comme les services publics ou la politique budgétaire ont subi de profondes transformations dans le cadre de la construction européenne. Les entreprises publiques ont été privatisées. Le marché du travail s'est flexibilisé. Des monopoles jadis efficaces ont été démantelés. Les investissements publics pour rénover et remettre sur pied notre service public ont été interdits par les traités européens. La logique d'entreprise visant à réduire les coûts s'est imposée. Des techniques de management ont été introduites jusque dans les hôpitaux. L'usager est devenu un client. La couverture sociale s'est dégradée. De manière plus générale, la Commission européenne a volontairement organisé la dérégulation de l'économie en n'imposant pas de socle social et fiscal commun aux différents pays de l'Union, laissant s'installer une concurrence entre vingt-huit modèles sociaux. Les conséquences de ces politiques sont là, présentes dans notre vie de tous les jours : les retards réguliers des trains et RER à cause d'un manque d'investissement ; les temps d'attente aux urgences ; le manque de personnel dans les hôpitaux, écoles et universités les obligeant à recruter des emplois précaires ; le manque de matériel dont se plaignent les pompiers, la police, le corps médical et l'Éducation nationale. Tous ces choix politiques n'ont fait qu'affaiblir le secteur public, alimentant, par là même, le rejet primaire de la part de l'usager.

Outre cette fragilisation délibérée du service public revient de manière régulière l'argument de la fraude aux prestations sociales. Derrière cet argument, il y a l'idée que les mécanismes de redistribution sont inefficaces, qu'ils ponctionnent ceux qui travaillent pendant que des « assistés opportunistes » préfèrent toucher des aides plutôt que de chercher un emploi. Les faits démontent ce point de vue : en 2015, d'après la Délégation nationale à la lutte contre la fraude (DNLF), les fraudes aux prestations sociales seraient de l'ordre de 677 millions d'euros contre 21 milliards pour la fraude fiscale. À cela il faut ajouter le fait que certains ne demandent pas leurs prestations (notamment lorsqu'il s'agit d'un faible montant ou d'une courte durée). L'intérêt qui est porté à la triche aux prestations sociales est inversement proportionnel à la réalité des chiffres. Le pire, c'est que dans le fond, la fraude fiscale comme la fraude aux cotisations sociales sont jugées compréhensibles. Il faut les comprendre, comme nous vivons dans un pays avec une pression fiscale au-dessus de la moyenne européenne, il est « humain » de trouver quelques petits arrangements. En revanche, la fraude aux prestations sociales ne fait, elle, l'objet d'aucune indulgence et devrait être punie sévèrement. Une forme de pauvrophobie s'est installée. Les déclarations successives de responsables politiques comparant les prestations chômage, les remboursements de soins et les pensions de retraite à une forme d'assistanat (et non à un droit) ont fait leur œuvre...

En réalité, face aux charges assenées contre le modèle social depuis plus de trente ans, face à l'usure du matériel, à la dégradation du service, il ne peut naître qu'un sentiment d'agacement de la part de l'usager qui en vient à penser que les politiques et les experts ont bien raison de vouloir ouvrir ces services à la concurrence. À se demander d'ailleurs si ce n'est pas le but ultime : rendre nos services publics si peu attractifs pour préparer l'opinion à leur l'inéluctable privatisation. Mais leur privatisation risque d'augmenter les prix de ces services et ainsi d'en priver un certain nombre de nos concitoyens. Regardons le résultat de la privatisation des autoroutes en France. En 2006, l'État a concédé 7 000 kilomètres d'autoroutes à trois grandes multinationales – Vinci, Eiffage et Abertis – avec cette idée que la gestion par le secteur privé serait plus efficace que celle de l'État. L'ancien ministre des Finances, Thierry Breton, assurait qu'il n'y avait rien à craindre puisque l'État contrôlerait les tarifs[1]. Résultat, les tarifs ont augmenté pour l'usager et les bénéfices vont désormais dans la poche du secteur privé. C'est donc des prix plus élevés pour le consommateur et des rentrées fiscales en moins pour l'État. Pourtant, des besoins énormes restent à satisfaire : remise à niveau de nos transports, programmes urbains, nouveau pacte social en faveur de l'éducation, de l'hôpital, de la culture, de la sécurité et de la justice, aide aux personnes en perte d'autonomie et accueil de la petite enfance. Ces activités permettraient de créer des centaines de milliers d'emplois non délocalisables et répondraient à des besoins concrets. Mais pour ce faire, il faudrait réaliser des investissements, c'est-à-dire s'endetter. Les marchés nous y incitent en nous offrant des taux d'intérêt à long terme extrêmement faibles. D'autant plus que ces investissements auraient de forts effets multiplicateurs car, en créant des emplois en France, les revenus seraient réinjectés directement dans l'économie et le produit de ces investissements profiterait à tous : des trains et des voies ferrées neufs et modernes ; des hôpitaux à la pointe de la technologie avec du personnel ; des moyens et des hommes pour lutter contre le terro-

---

1. P. Jérôme, « Autoroutes. Le double scandale de la privatisation », *L'Humanité*, 13 août 2013.

risme ; des places en crèche pour tout le monde ; des universités rénovées ; des effectifs plus faibles dans les classes ; etc. La stigmatisation du modèle social n'a qu'un but : réduire la place de l'État et offrir au secteur privé des pans entiers de l'économie. Dans le fond, ceux qui ont les moyens s'en moquent : secteur privé ou public, rien ne change et ils pourront régler la facture (ils fréquentent déjà beaucoup les cliniques et écoles privées). En revanche, la majorité de la population pourrait payer des tarifs supérieurs si certains secteurs venaient à être privatisés. D'autres en seraient complètement exclus. Pour le bien du plus grand nombre, il est donc nécessaire non seulement de préserver notre modèle social, mais même de faire en sorte qu'il se porte le mieux possible.

9.

L'HYPOCRISIE CLIMATIQUE

Excepté le président des États-Unis, Donald Trump, et quelques climato-sceptiques durs de l'oreille, tout le monde s'accorde à dire que la lutte contre le réchauffement climatique est primordiale. Chaque année, l'augmentation de la température moyenne, les phénomènes météorologiques extrêmes ou les dizaines de millions de réfugiés climatiques à travers le monde nous rappellent qu'il est urgent d'agir. Du « *Make our planet great again* » d'Emmanuel Macron au « *Canada is back, my friends* » de Justin Trudeau, chacun y va de sa petite phrase pour marquer son attachement à la lutte contre le dérèglement climatique.

Concrètement, un plan efficace pour le climat devrait reposer sur quatre piliers : développer massivement les énergies renouvelables ; investir dans l'efficacité et la maîtrise de notre consommation d'énergie (notamment avec la rénovation des bâtiments) ; consommer le plus localement possible (et donc en finir avec les traités de libre-échange) ; développer l'économie circulaire (notamment en élargissant le recyclage des déchets). Pourtant, plutôt que de mettre en place des politiques volontaristes, les dispositifs actuels reposent principalement sur des mécanismes incitatifs de marché : prix du carbone[1], subventions, fiscalité, crédit d'impôt. Ces instruments ont une certaine efficacité, mais force est de constater qu'ils sont largement insuffisants pour porter une transition énergétique ambitieuse. Dans le fond, tout le monde sait ce qu'il faut faire pour lutter efficacement contre le réchauffement climatique mais personne ne veut le faire directement et préfère passer par des chemins détournés. Pourquoi ? Tout simplement parce qu'il ne faudrait pas heurter certains intérêts financiers importants comme ceux des grandes compagnies pétro-gazières ou des grandes banques qui ont prêté des sommes énormes à ces compagnies et qui veulent récupérer leur mise. Tout ce beau monde fait un lobbying énorme pour que le changement soit lent et repose majoritairement sur le consommateur. La

---

1. Le prix du carbone permet d'intégrer dans le prix d'un bien les dommages causés par les émissions de gaz à effet de serre. Par conséquent, il va rendre plus chers les biens issus de modes de production polluants et inciter les consommateurs à choisir d'autres biens issus de modes de production moins polluants.

lutte contre le réchauffement climatique est devenue un slogan publicitaire pour les compagnies comme pour les politiques. Jamais une réalité. Jadis, de vrais climato-sceptiques (dont quelques survivants aujourd'hui comme Trump) clamaient haut et fort ne pas croire au réchauffement climatique ; aujourd'hui, le climato-scepticisme prend une forme plus pernicieuse, celle du visage de tous ceux qui se présentent comme des défenseurs du climat mais n'agissent pas en conséquence. Tous les tenants du « make blabla great again » sont hélas extrêmement nombreux.

L'hypocrisie des pays riches

Dans le débat sur le réchauffement climatique, les pays riches accusent volontiers les pays émergents, notamment la Chine, d'utiliser trop d'énergies polluantes. C'est vrai, mais les pays riches qui ont la capacité financière et technologique d'entamer la transition énergétique sont loin d'être exemplaires. Les États-Unis ont ajouté 4 millions de barils de pétrole (principalement de schiste) sur le marché mondial. Le Canada a développé les huiles de sables bitumineux (le pétrole le plus sale au monde). La France, après avoir débattu de manière très virulente sur l'exploitation des gaz de schiste, a choisi de développer le gaz de couche (un gaz non conventionnel) dans les régions Hauts-de-France et Grand-Est.

Globalement, l'évolution des différentes filières énergétiques dans la dernière décennie montre que le Canada et l'Australie utilisent aujourd'hui plus de pétrole qu'il y a dix ans ; les États-Unis, le Canada, la France et le Japon plus de gaz ; et, le Royaume-Uni, la Pologne et l'Italie plus de charbon. Or, cette hausse de la consommation dans les pays développés ne peut pas être expliquée uniquement par la croissance économique et démographique. Certains pays avaient la capacité de diminuer leur consommation d'énergie sans porter atteinte à leur niveau de vie. La corrélation positive entre IDH (Indice de développement humain) et consommation annuelle d'énergie s'arrête à partir de quatre tonnes équivalent pétrole (TEP) par habitant. Cela signifie que dans les pays en développement, la consommation d'énergie est reliée à l'amélioration de la qualité de la vie des individus (l'accès aux infrastructures de base comme l'électricité, les sanitaires ou l'électroménager augmente la consommation énergétique) mais au-delà d'un certain niveau de consommation d'énergie (en l'occurrence quatre TEP) le bien-être des individus n'augmente plus (ce qui signifie que la consommation supplémentaire d'énergie devient superflue). Pourtant, un certain nombre de pays sont au-dessus de ce seuil comme les États-Unis, le Japon, la Suède ou l'Australie. Ces pays pourraient donc réduire leur consommation d'énergie sans affecter leur qualité de vie. Il n'est donc plus question de nécessité mais de choix.

Les réserves de pétrole et de gaz ont augmenté de 21 et 26 % depuis 2000 alors même que pour tenir l'engagement de la COP 21 (soit rester en-dessous du seuil de 2 °C d'ici à 2100), il faudrait laisser sous terre les deux tiers de ces réserves. L'augmentation des prix de l'énergie dans la décennie 2004-2014 a permis aux compagnies d'engendrer des profits dépassant toutes les espérances et d'investir massivement dans la recherche et l'exploration… des mêmes énergies polluantes ! En 2008, les cinq premières compagnies, Exxon, Shell, BP, Chevron et Total, ont toutes fait des bénéfices supérieurs à 20 milliards de dollars avec 45 milliards pour Exxon. Ces compagnies viennent toutes de pays développés – principaux responsables du réchauffement climatique au XXe siècle –, pourtant aucun gouvernement de ces pays n'a pensé à instaurer un impôt pour financer la transition énergétique[1]. Cette

---

1. Dans les années 1970, après la forte hausse des prix du pétrole, les États-Unis avaient instauré un impôt sur les profits imprévus des compagnies pétrolières.

manne pétrolière imprévue aurait pu constituer un puissant levier pour prévoir l'après-pétrole et développer les énergies renouvelables, elle a surtout permis de multiplier par quatre les investissements en exploration-production pour trouver des nouveaux gisements[1].

Ces investissements faramineux ont permis à un certain nombre d'hydrocarbures non conventionnels de devenir rentables. Le gaz et le pétrole de schiste en sont le meilleur exemple. Ils se sont développés massivement aux États-Unis grâce notamment à la mise en place de l'Energy Policy Act en 2005, un cadre réglementaire extrêmement favorable aux compagnies pétrolières leur permettant notamment d'être exonérées de règles environnementales et de disposer d'avantages fiscaux. Les résultats ont été rapides : en quelques années, les États-Unis ont ajouté plus de 120 000 puits de gaz et de pétrole de schiste pour arriver à un million de puits de gaz et de pétrole en activité sur le territoire. Le Canada, quant à lui, s'est lancé dans la production de pétrole de sables bitumineux et est en phase de prédéveloppement sur le pétrole de schiste. En France, le débat sur le gaz de schiste a duré près de deux ans avec un certain nombre

---

1. T. Porcher et H. Landes, *Le déni climatique*, Max Milo, 2015, p. 23.

de politiques, journalistes et experts qui ont écrit des tribunes pour défendre son exploitation (les mêmes qui, un an plus tard, célébraient l'accord de la COP 21). Les gaz de couche (le cousin du gaz de schiste) débutent leur développement en Lorraine et dans les Hauts-de-France. Emmanuel Macron, alors qu'il était ministre de l'Économie, défendait leur exploitation au nom de la compétitivité[1] alors même qu'il y avait des risques pour les populations locales. D'ailleurs, aujourd'hui, le projet de loi relatif à l'interdiction de l'exploitation des hydrocarbures d'ici à 2040 porté par le ministre Nicolas Hulot exclut de l'interdiction l'exploitation des gaz de couche.

J'avais été auditionné au conseil régional du Nord-Pas-de-Calais le 6 février 2014 dans le cadre de la mission d'enquête sur le gaz de couche. Mon exposé détaillait le mirage économique du développement de ces gaz non conventionnels et pourquoi les impacts négatifs, notamment sur la santé des populations avoisinantes, étaient plus forts en France qu'aux États-Unis. Au cours de l'audition, j'avais présenté un article scientifique de chercheurs américains montrant que les populations vivant autour d'un puits – dans un rayon

---

1. « Le gaz de houille lorrain, le nouveau pari de Macron », *Challenges*, 27 mai 2016.

d'un demi-mile, soit 805 mètres – avaient plus de risques de développer des cancers à cause des rejets toxiques[1]. J'expliquai aux membres de la mission que les chercheurs avaient effectué l'étude au Colorado où il y a 19 habitants au kilomètre carré alors que dans le Nord-Pas-de-Calais, il y en a 324. De fait, l'impact sanitaire concernerait plus de personnes ici. Je demandais donc qu'on ajoute cet article scientifique au rapport final afin que les partisans du gaz de couche (élus et industriels) agissent en connaissance de cause. Les questions de certains membres de la commission ont été étonnantes. Un certain M. Petit me demande « combien de pages fait l'étude ? », « si je l'ai lue ? ». Il indique qu'il « pense connaître l'étude », qu'« il faut bien relativiser l'impact » et qu'« elle est souvent brandie par des gens qui s'opposent à l'avancée de la recherche ». Un chercheur – moi – qui brandit un article scientifique – de chercheurs américains – pour m'opposer à l'avancée de la recherche… Raisonnement intéressant venant de quelqu'un qui ose affirmer qu'il faut « relativiser » l'étude alors même qu'il « pense la connaître ». La méthode utilisée dans

---

1. L.M. McKenzie, R.Z. Witter, L.S. Newman et J.L. Adgate « Human health risk assessment of air emissions from development of unconventional natural gas resources », *Science of the Total Environment*, vol. 424, mai 2012, p. 79-87.

cette publication peut faire débat dans la communauté scientifique, c'est normal. Mais force est de constater qu'elle existe, qu'elle concerne un sujet crucial, la santé des populations, qu'elle a été citée plus de 400 fois par d'autres travaux de recherche (72 fois à l'époque de mon audition) et que, par conséquent, elle doit figurer dans le rapport final, quoi qu'en disent certains membres présents le jour de mon audition. Ce type d'expérience me rappelle combien un cadre de pensée étriqué peut rendre volontairement certaines personnes autistes. Je parlais de la santé des populations avoisinantes, celles qui avaient élu une partie des membres de la mission. Je parlais des risques pour le climat à moins d'un an de l'organisation de la COP 21 à Paris. Les membres de la mission n'entendaient tout simplement pas mes arguments car ils dépassaient les limites de leur cadre de réflexion. Je n'étais plus audible, j'étais à leurs yeux devenu un horrible militant écolo, alors même que les arguments que je présentais étaient validés par des faits et des recherches scientifiques. Ils méritaient un débat de meilleure tenue que celui que j'ai eu avec ce M. Petit.

La question des hydrocarbures d'Arctique est également un sujet intéressant pour mesurer le niveau ambiant d'hypocrisie climatique. Alors que la fonte de la banquise aurait dû alarmer les États sur les dangers du réchauffement climatique et la nécessité de prendre des mesures d'urgence, elle a plutôt été perçue comme une opportunité pour aller voir s'il n'y avait pas des hydrocarbures ou d'autres matières premières. Des compagnies principalement de pays développés comme Shell, Statoil, BP ou Total sont actuellement impliquées dans des projets. Aucun des chefs d'État des pays d'où sont issues ces compagnies n'a condamné ces explorations, pourtant tous chantent les louanges de l'accord de Paris sur le climat. En réalité, aucun de ces dirigeants ne veut réellement lutter contre le réchauffement climatique sinon il prendrait des mesures fortes notamment en faisant en sorte que les compagnies de son pays (même privées) s'adaptent aux exigences environnementales. Plutôt que de s'attaquer au cœur du problème, les politiques prônées sont à peine contraignantes pour les entreprises.

Des solutions de marché pour lutter contre le réchauffement climatique

Dans la vision mainstream de l'économie, la concurrence stimule l'innovation et entraîne une baisse des prix. Le problème est que le prix du marché n'incorpore pas les externalités négatives (à savoir les dommages liés à la pollution et l'impact sur le réchauffement climatique). La solution est donc d'ajouter un prix du carbone (de préférence déterminé sur un autre marché) au prix du bien pour orienter le choix des consommateurs et des producteurs vers des énergies moins polluantes. Ce type de raisonnement prend l'économie telle qu'elle est et a pour objectif de corriger son fonctionnement. Ainsi, les modes de production sont polluants en Europe, il faut donc créer un marché du carbone européen afin de donner un prix aux émissions de gaz à effet de serre et rendre moins rentables les activités polluantes. Il en va de même pour les énergies renouvelables. Comme dans l'économie telle qu'elle fonctionne les investissements ne sont pas suffisants, il faut subventionner les énergies renouvelables pour les avantager par rapport aux autres énergies. Ces mécanismes ont une certaine efficacité, mais ils ne proposent que de corriger un fonctionnement défaillant de l'économie. Ils ne s'attaquent nullement au cœur du réacteur. C'est d'ailleurs pour cette raison qu'ils ne déplaisent pas aux industriels.

Les mécanismes de soutien aux énergies renouvelables visent à les rendre plus compétitives sur le marché tout en laissant, ensuite, la concurrence opérer entre les différentes énergies. Le problème est que les conditions de concurrence sont extrêmement défavorables aux énergies renouvelables, y compris en prenant en compte ces mécanismes de soutien. Les entreprises du renouvelable, caractérisées par une multitude d'acteurs dans différentes filières, font face aux puissants opérateurs historiques qui disposent de technologies et d'infrastructures établies depuis longtemps et d'un fort pouvoir de lobbying auprès des autorités. Rappelons que ces opérateurs historiques se sont développés dans des conditions extrêmement favorables : monopole et société publique. Leur développement est d'abord le fruit de choix politiques, pas de mécanismes de marché. Or, ces entreprises pèsent tant qu'elles peuvent influencer les conditions de marché, et les acteurs du renouvelable – même aidés par des mécanismes de soutien – restent dans une position défavorable. Les choix politiques de long terme, jadis appliqués au nucléaire, au gaz, au pétrole ou au charbon, ont donc laissé place à un modèle hybride mélangeant politique de soutien et marché libéralisé. Le bilan de ce modèle est pour le moins mitigé et les résultats montrent que même si les énergies renouvelables se développent, elles prennent difficilement des parts de marché aux énergies traditionnelles. Jamais le nucléaire n'aurait pu se développer autant en France s'il avait eu les mêmes conditions que les énergies renouvelables aujourd'hui. Si nous voulions réellement développer les énergies renouvelables, il faudrait le faire exactement comme nous l'avons fait dans les années 1960 pour le nucléaire. À savoir se fixer des objectifs ambitieux (à l'époque, plus d'une cinquantaine de réacteurs ont été ouverts en dix ans), développer l'énergie à l'abri de la concurrence (avec une société en monopole et publique) et engager très fortement l'État. Mais pour cela, il faudrait une vraie volonté politique, c'est justement ce qui manque.

Le signal-prix est l'autre mesure très en vogue pour enclencher la transition énergétique. L'idée est que grâce à un prix du carbone ou une fiscalité verte qui s'additionnerait au prix d'un bien polluant, le rendant ainsi plus cher, le consommateur serait incité à acheter des biens moins polluants. C'est-à-dire que les produits de consommation provenant d'une production polluante coûteraient plus cher que ceux issus d'une production moins polluante. Bien qu'efficace dans certaines conditions, les faits montrent que le signal-prix a des effets limités. Prenons le cas du pétrole, son prix a été multiplié par cinq entre 2002 et 2014, passant de 20 à plus de 100 dollars. En théorie, une telle augmentation aurait dû entraîner un changement radical dans la fabrication de véhicules et dans les formes de mobilité. Des changements ont été visibles dans le comportement des Français, certains ont privilégié les transports collectifs à l'utilisation de la voiture – lorsqu'il y avait une offre de transports en commun le permettant – ou ont choisi des plus petites motorisations lorsqu'ils changeaient de véhicule. Mais dans l'ensemble, les élasticités prix[1] et prix-croisé[2] n'ont que partiellement fonctionné car le pétrole dans son usage est un bien difficilement substituable. En clair, quel que soit le prix du carburant, un individu vivant loin de son lieu de travail et ne disposant pas d'une offre de transports doit utiliser sa voiture. Dans ces conditions, prôner une augmentation du prix en espérant diminuer la consommation ne peut qu'avoir un impact limité.

Le signal-prix peut également entraîner des effets pervers même quand les conditions sont réunies pour qu'il fonctionne. C'est ce que montre le cas du gaz et du charbon, deux biens substituables à des niveaux de développement quasi similaires. Le développement du gaz de schiste a entraîné une baisse des prix du gaz le rendant plus avantageux que le charbon aux États-Unis. La baisse

---

1. Le fait de diminuer sa demande quand le prix augmente (comparaison en pourcentage).

2. Le fait de choisir un autre bien quand le prix d'un bien donné augmente (comparaison en pourcentage).

de la demande américaine de charbon a amené à une baisse des prix qui l'a rendu plus intéressant pour les Européens. Résultat : la consommation de charbon américaine s'est déplacée vers l'Europe. Du point de vue des États-Unis, le signal-prix a été efficace car la baisse des prix du gaz a entraîné un effet de substitution gaz-charbon. Mais à l'échelle mondiale, il n'y a pas eu de différence, juste un déplacement de la consommation et des pollutions associées. De manière générale, en l'absence de développement ou de réglementations communes, ce que perd le marché d'un pays, un autre le récupère[1].

Enfin, la mesure la plus en vogue, dans toutes les bouches des dirigeants et des experts, est la construction d'un marché du carbone. La solution au réchauffement climatique serait donc de fixer un prix du carbone qui inciterait les entreprises à se diriger vers des modes de production moins polluants. Mais comme nous l'avons vu, le signal-prix n'est pas toujours efficace.

Surtout le marché du carbone européen nous rappelle combien un marché est avant tout une construction humaine dans laquelle œuvrent des rapports de force sous-jacents. Le projet consistait à définir par pays des plafonds d'émissions

---

1. T. Porcher et H. Landes, *Le déni climatique, op. cit.*, p. 29.

de carbone pour les entreprises et secteurs polluants. Ensuite, par le jeu du marché, il était possible
pour les entreprises les plus polluantes d'acheter les quotas d'entreprises qui émettent moins
que leur plafond autorisé. Et comme les quotas
d'émissions ont été sur-alloués – grâce à un lobby
efficace –, le prix du carbone a fortement chuté.
Alors que le principe de ce marché était d'inciter
les entreprises à réduire leurs émissions, il n'a été
qu'un outil pour les encourager à ne pas changer.

En fait, ces solutions plaisent aux entreprises
car elles ne leur imposent pas de réels changements structurels. Les dirigeants, qui sont les pre-
miers à imposer des réformes structurelles quand
il s'agit de faciliter les licenciements des salariés,
sont moins prompts à entamer des changements
sur l'offre pour adapter nos productions aux
exigences environnementales. Au contraire, ils
offrent des baisses de fiscalité aux entreprises et
allègent les réglementations sur l'environnement
pour stimuler leur production qui ne peut qu'être
aussi polluante qu'avant (puisqu'elle n'intègre pas
les normes environnementales). C'est ce qu'a fait
notamment Emmanuel Macron dans la loi portant
son nom, c'est aujourd'hui ce qu'il compte faire
dans le secteur du bâtiment. Lors d'un déplacement à Toulouse en septembre 2017, le président
de la République annonçait pour relancer la

construction de logements en France « une réduction des exigences des normes environnementales et sociales », ajoutant : « On me dira que je ne respecte pas l'environnement, ou parfois le handicap, parfois ceci ou cela. Mais il faut du pragmatisme[1]. » Difficile de faire plus hypocrite.

La question du réchauffement climatique est trop importante pour être confiée à des mécanismes de marché. Les incitations ont une certaine efficacité pour orienter les choix des producteurs et des consommateurs, mais se révèlent largement insuffisantes pour réorienter pleinement notre économie. Si elles sont plébiscitées par nos hommes politiques autant que nos chefs d'entreprise, c'est qu'elles ne s'attaquent pas au cœur du problème : l'adaptation de l'offre aux enjeux climatiques. Pour préserver les profits de court terme de quelques-uns, certains sont prêts à faire courir à l'humanité le plus gros risque qu'elle ait jamais connu.

---

1. « Pour relancer la construction, Emmanuel Macron veut réduire les normes environnementales », *Actu Environnement*, 12 septembre 2017.

10.

LA DÉSUNION EUROPÉENNE

Le projet européen n'a pas tenu ses promesses. Il devait offrir à ses citoyens une économie de la connaissance prospère, innovante et créatrice d'emplois de qualité. Il n'a permis qu'une augmentation du chômage, une hausse des inégalités, un abaissement des protections sociales, une concurrence fiscale accrue entre États et une déréglementation de la production et de la finance. Alors que la crise de 2007 partait des États-Unis, l'Europe s'en est moins bien sortie, transformant la crise des subprimes en une crise de la zone euro. Encore aujourd'hui, de nombreuses régions de l'Europe sont plus pauvres qu'elles ne l'étaient en 2007. Ces échecs sont les conséquences des politiques mises en place pendant la crise, puis à partir de 2011. Alors que pour contrer la crise, l'impulsion budgétaire a été de 4,2 points aux États-Unis, elle n'a été que de 1,6 point dans la zone euro. Alors que les États-Unis n'ont pas hésité à creuser les déficits pour soutenir la croissance, la zone euro a mis en place l'austérité à partir de 2011. Autant de mauvais choix de politiques économiques qui trouvent leur origine dans un projet européen favorisant la concurrence plutôt que la coopération entre États.

Le problème, c'est qu'il semble exister un veto quasi religieux nous empêchant toute critique du projet européen. Oser montrer du doigt ses incohérences vous fait immanquablement passer dans le camp des extrêmes. Or, ce n'est pas en empêchant toute critique, en stigmatisant ces contempteurs, qu'on va transformer l'actuel projet européen. C'est justement l'application sans critique des politiques libérales puis d'austérité qui a alimenté la montée des sentiments anti-européens. Ne pas supporter qu'une partie de l'Europe soit écrasée, c'est justement la preuve d'un attachement à l'Europe. Ce que nous voulons, c'est une autre Europe, plus démocratique, plus coopérative, plus solidaire et plus écologique. Loin de celle véhiculée par la Commission européenne.

Dix ans après la crise : où en est-on ?

La crise a révélé au grand jour les vices de construction de la zone monétaire ainsi que les conflits d'intérêts entre pays au sein de la zone. La gestion de sortie de crise a été catastrophique. La volonté de réduire trop rapidement les déficits à partir de 2011 dans la zone euro – alors même que les États-Unis creusaient les leurs, ne se souciant que de leur croissance – a sapé la reprise économique. Or, réduire le déficit en période de crise revient à réduire l'activité économique. Résultat de cette politique : la zone euro a mis neuf ans à retrouver son niveau de PIB de 2007 contre quatre ans pour les États-Unis. Et comme la population a continué à augmenter, nous pouvons dire qu'un habitant de la zone euro est aujourd'hui plus pauvre qu'en 2007.

La France a retrouvé son niveau de PIB de 2007 seulement en 2014, mais certaines régions n'ont toujours pas retrouvé leur niveau de richesse d'avant la crise, comme la Bourgogne-Franche-Comté, le Grand-Est et les Hauts-de-France. Dans ces trois régions, les habitants sont aujourd'hui plus pauvres qu'avant la crise. Enfin, de nombreux pays d'Europe du Sud n'ont toujours pas retrouvé leur niveau de production d'avant la crise, c'est le cas de l'Espagne, de l'Italie et de la Grèce. La Grèce est devenue un laboratoire d'application des politiques d'austérité. Une gigantesque expérience naturelle pour vérifier combien d'ajustements structurels – donc de baisses de retraites, de rabais de pensions de handicapés, de coupes dans les secteurs publics – peut supporter un peuple européen au nom de la sacro-sainte Union européenne. Les résultats de ces politiques sont catastrophiques pour la Grèce : par rapport à 2008, son PIB a chuté de 25 %, sa dette représente 150 % du PIB et son taux de chômage est de 27 %. Des résultats dramatiques qui n'empêchent pas la troïka de poursuivre son acharnement sur ce pays pendant qu'une partie de l'Europe (dont la France) regarde ailleurs. Une preuve supplémentaire que l'économie n'est pas neutre car n'importe quel esprit normalement constitué arrêterait ce désastre.

Les prétendus défenseurs de l'Europe, s'accommodant que la partie sud de l'Europe soit broyée par l'austérité, aiment mettre en avant le modèle allemand. Il est vrai que l'Allemagne a un excédent budgétaire, que sa dette est revenue à son niveau de 2005 et qu'elle a un excédent commercial. Trois indicateurs qui font rêver les économistes. Mais le revers de la médaille de ce succès n'est pas glorieux. L'Allemagne est le pays où les inégalités ont le plus progressé entre 2000 et 2010, le taux de pauvreté y a augmenté de 54 % en dix ans, le taux de travailleurs pauvres a doublé, les personnes cumulant deux emplois ont augmenté de 80,7 % et le nombre de retraités pauvres de 30 %. Enfin, le manque d'investissement de l'État a engendré une dégradation des infrastructures publiques. L'Allemagne est en fait un pays riche… avec beaucoup de pauvres. Mais le plus grave est que la politique économique de l'Allemagne se soit imposée à toute l'Europe, notamment via les institutions européennes. Comme le rappelle Steve Ohana, professeur de finance : « L'Europe s'est transformée en maison de redressement dont l'Allemagne a pris le contrôle sans partage, détournant à son profit les principales institutions européennes[1]. » Au point qu'aujourd'hui tous les pays de la zone euro appliquent les piliers de la politique économique allemande de manière volontaire ou forcée par la troïka (Commission européenne, Banque centrale européenne – BCE – et Fonds monétaire international – FMI). Ce n'est pas un hasard si la France, après l'Italie, l'Espagne, le Portugal et la Grèce, a entamé sa réforme du marché du travail. Ce n'est pas un hasard si Emmanuel Macron avance que la France doit faire des réformes pour être crédible face à l'Allemagne. Ce n'est pas un hasard si la BCE mène une politique monétaire adaptée à l'économie allemande (faible inflation, euro fort). Tout est calqué sur le modèle allemand et les institutions européennes sont le garant de son application.

---

1. S. Ohana, *Désobéir pour sauver l'Europe*, Max Milo, 2013.

La conséquence de cette politique est la montée de l'extrême droite partout en Europe. La sortie du Royaume-Uni de l'Union européenne, alors même qu'il est maître de sa monnaie et avait limité ses contributions au budget de l'Union, montre que le projet européen, tel qu'il fonctionne aujourd'hui, est perçu par certaines classes sociales comme un danger. Le fonctionnement de l'Europe, en jouant sur la concurrence sociale et fiscale entre pays membres et en ouvrant toujours plus largement son économie via des traités de libre-échange, n'a fait qu'amplifier les effets négatifs de la mondialisation. Le non-respect du référendum sur la Constitution de 2005 en France tout comme l'application du CETA (traité de libre-échange entre l'Europe et le Canada) avant le vote des parlements nationaux montrent que l'Europe est plus technocratique que démocratique. Et pour preuve, face au Brexit et à la montée des extrêmes en Europe, aucune alternative n'a été proposée par les institutions européennes. Elles poursuivent leur logique concurrentielle et austéritaire malgré de nombreux signaux d'alerte.

La construction européenne
a favorisé la mise en concurrence des États

Le bilan de l'euro n'est pas très glorieux pour la France, ni même pour l'ensemble des pays du Sud. Hormis la suppression de la volatilité sur le taux de change facilitant le commerce, la monnaie unique a imposé une rigidité monétaire (impossible de faire des dévaluations monétaires) à l'ensemble des pays de la zone qui s'est traduite par une mise en compétition des modèles social et fiscal des différents pays. Et comme l'Allemagne s'est mise à pratiquer très fortement la modération salariale, les entreprises des pays exposés à la concurrence des produits allemands ont dû suivre. Cette compétition s'est traduite par de nombreuses dévaluations fiscales (pression à la baisse des impôts) et internes (modération des salaires). Par exemple, en 2014, le pacte de responsabilité et de solidarité proposé par François Hollande – offrant une baisse de charges aux entreprises – avait comme objectif principal de rendre le coût du travail plus faible en France qu'en Allemagne. Ce jeu mortifère n'est possible que parce que l'ensemble des pays partage la même monnaie. Sans l'euro, le deutsche mark se serait apprécié et le franc (tout comme les autres monnaies européennes) se serait déprécié, ce qui aurait permis aux entreprises françaises de retrouver leur compétitivité. En réalité, la rigidité monétaire et budgétaire a été renforcée par l'euro, faisant porter tous les ajustements sur le travail. Le salaire moyen a certes continué à progresser depuis le passage à l'euro, mais les inégalités ont augmenté. Par exemple, le niveau de vie moyen des 10 % les plus pauvres a diminué, alors que jusqu'en 2000, la tendance était à l'augmentation. À l'inverse, la progression des 10 % les plus aisés a été quasiment ininterrompue depuis 2003[1].

Certains diront que le problème de la compétitivité française n'est pas uniquement dû à la compétitivité-coût (induite par la monnaie unique) mais à un problème de spécialisation et de gamme (qui bizarrement semble moins intéresser les politiques). C'est vrai. Néanmoins l'examen des chiffres montre que l'emploi manufacturier en France et la balance commerciale se sont dégradés depuis 2000.

Au final, en imposant des critères identiques (pacte de stabilité) à des pays ayant des dynamiques économique et démographique différentes, en les privant de l'arme budgétaire et monétaire, la zone euro, entièrement tournée vers la concurrence, a entraîné une compétition des États entre

---

1. A. Brunner et L. Maurin (sous la direction de), *Rapport sur les inégalités en France*, Observatoire des inégalités, juin 2017.

eux, faisant porter la compétitivité sur le travail. L'Allemagne s'en est mieux sortie que les autres. Sans l'euro, sa monnaie se serait réappréciée et elle aurait perdu en compétitivité. Néanmoins, ces résultats économiques ne sont pas si fameux – entre 2007 et 2015, elle a un taux de croissance annuel moyen de 0,8 % – et ont été obtenus par une forte modération salariale qui s'est faite au détriment de ses propres salariés.

L'Union européenne fondée sur le principe de la libre concurrence a entraîné une mise en compétition des modèles social et fiscal des États membres. Ce jeu à somme négative a mené l'ensemble des pays vers le moins-disant et il est à craindre que rapidement la fiscalité et les protections des salariés seront réduites à peau de chagrin dans l'ensemble des pays d'Europe. La construction européenne a également été jalonnée d'une méfiance entre pays faisant des membres de l'Union des concurrents plutôt que des partenaires (avec cette idée que la concurrence engendrerait le bonheur). L'euro n'a fait que renforcer cette tendance en imposant des critères identiques à dix-neuf pays ayant des niveaux de développement et de démographie différents. Le bilan humain est aujourd'hui désastreux. Dix ans après la crise, des millions de vies ont été brisées par l'austérité, les jeunes générations ont le choix entre le chômage de masse ou les emplois précaires, des partis nationalistes et xénophobes sont de plus en plus puissants.

11.

LE LIBRE-ÉCHANGE, ARME DE DOMINATION MASSIVE

Aujourd'hui, prôner le libre-échange, c'est être le défenseur du monde libre. À l'inverse, prononcer le mot protectionnisme, c'est être un suppôt du camp du mal. La plupart des experts ont une vision extrêmement binaire sur ce sujet : le libre-échange serait synonyme de croissance, d'emploi, de liberté, voire d'égalité, tandis que le protectionnisme incarnerait le repli sur soi, la montée des extrêmes, le retour en arrière. Vous l'aurez compris, la réalité est, une fois encore, bien plus complexe.

En économie, le libre-échange ne signifie que l'interdiction de protection : interdiction pour un État de protéger sa production, ses emplois, ses habitants, ses normes de consommation, sa sécurité, sa culture. Initiée par Adam Smith au XVIIIᵉ siècle puis reprise par David Ricardo au XIXᵉ siècle, la théorie du libre-échange est apprise par tous les étudiants d'économie (dès la terminale) et justifie les politiques économiques mises en place depuis la fin de la Seconde Guerre mondiale. Dans *Recherches sur la nature et les causes de la richesse des nations* (1776), Smith expliquait que chaque pays a intérêt à importer un produit s'il est obtenu à un coût plus faible que son coût de production. Pour utiliser au mieux l'ensemble des ressources disponibles, il prône que chaque pays se spécialise dans la production où il a un avantage absolu (donc un coût de production d'un bien plus faible que ses voisins). Le problème dans l'analyse de Smith est que certains pays n'avaient d'avantages sur rien et ne trouvaient donc aucun bénéfice à participer au commerce international. Or, déjà à l'époque, il fallait vendre l'idée que le libre-échange profiterait à tous et masquer les volontés de domination de certains pays derrière des théories. Dès lors, Ricardo prolonge la réflexion de Smith en énonçant en 1817 une théorie de l'échange fondée sur les avantages comparatifs. Il montre que chaque pays a intérêt à se spécialiser exclusivement dans la production du bien pour lequel il dispose d'un avantage comparatif, c'est-à-dire la production pour laquelle son avantage est le plus grand ou son désavantage le plus faible. Le prolongement théorique de Ricardo permet d'intégrer un plus large ensemble de pays à la doctrine du libre-échange mais la philosophie de fond est la même que chez Smith : il faut se spécialiser dans les productions où nous avons un avantage à l'export et ouvrir son économie car le libre-échange est mutuellement avantageux. Certes, la théorie de Ricardo a été améliorée par d'autres économistes[1] mais son essence, disant que le libre-échange profite à tous, a rarement été remise en cause dans le façonnage de nos politiques économiques malgré un certain nombre de paradoxes relevés par d'autres économistes[2]. Dès lors, pour obtenir des financements, notamment via le FMI, il est demandé aux pays les plus pauvres de se spécialiser dans une production où ils ont un avantage (le pétrole pour le Congo, le cacao pour la Côte d'Ivoire, etc.) et d'ouvrir leurs économies au commerce international. Pourtant, l'histoire montre que la plupart des pays riches ont joué du protectionnisme quand cela les arrangeait et

---

1. E. Hecksher, B. Olhin, P. Samuelson et P. Krugman notamment.

2. La théorie de l'industrie-enfant de List, l'échange inégal ou celle des rapports entre le centre et la périphérie sont autant de théories qui remettent en cause celle de D. Ricardo. Par exemple, F. List montre qu'il faut protéger les industries naissantes et ne pas les exposer trop rapidement à la concurrence internationale. Les théories de l'échange inégal de E. Arghiri et celle du centre et de la périphérie de S. Amin montrent la domination qu'exercent les pays riches sur les pauvres dans l'organisation du commerce international.

qu'ils n'ont été des fervents défenseurs du libre-échange que lorsqu'ils se trouvaient en position de force.

Vision enchantée et réalité du libre-échange

Il nous est souvent présenté une vision enchantée de l'histoire qui relie étroitement le développement de l'Europe au libre-échange. Cela commencerait avec l'acte fondateur des Anglais d'abolir les droits de douane sur les importations de blé en 1846 et d'ouvrir leur pays à la concurrence étrangère alors que depuis 1815 des lois sur le blé garantissaient un prix élevé aux agriculteurs et interdisaient toute importation de blé étranger. L'histoire nous dit que les effets économiques pour l'Angleterre auraient été tellement positifs que les politiques de libre-échange auraient gagné le reste de l'Europe, notamment la France avec la signature d'un traité de libre-échange franco-britannique, le traité Cobden-Chevalier, en 1860. La décennie qui suit voit la signature de plus d'une centaine de traités sur le même modèle en Europe. Mais cette conversion au libre-échange s'arrête quelques années plus tard avec la grande dépression de 1873 qui met fin à ce premier mouvement de libéralisation. Après la Première Guerre mondiale, avec la création de la Société des Nations, les États ont cherché à poser les bases d'un multilatéralisme en termes de commerce, mais la crise des années 1930 a marqué à nouveau le retour du protectionnisme qui fut, nous dit-on, une des causes de la Seconde Guerre mondiale. Dès la fin du conflit, le développement du libre-échange, conduit par les différents rounds du GATT[1] puis par l'OMC[2], aurait permis le développement économique, y compris de pays pauvres comme la Corée du Sud ou la Chine, et constituerait un formidable bouclier contre les guerres car les relations économiques entre les pays créent des liens d'interdépendance évitant ainsi les conflits.

Mais un regard plus attentif montre que ce discours est éloigné de la réalité historique. En effet, l'Angleterre n'a cédé au libre-échange que lorsqu'elle a été suffisamment puissante pour le faire. Son développement s'est d'abord fait à l'ombre du protectionnisme avec notamment l'Acte de navigation voté en 1651 qui réservait

---

1. General Agreement on Tariffs and Trade (en fr. accord général sur les tarifs douaniers et le commerce), accord qui avait pour but de promouvoir les échanges commerciaux en abaissant les droits de douane et en instaurant un code de bonne conduite libérale.
2. Organisation mondiale du commerce.

exclusivement aux marins britanniques le monopole du commerce des colonies avec la métropole.

L'analyse de l'histoire des traités de libre-échange jusqu'à nos jours montre qu'il persiste des débats sur les effets bénéfiques de certains traités. Ainsi, l'historien Jean-Charles Asselain considère que le traité Cobden-Chevalier a été l'une des causes des difficultés agricoles en France de la fin du XIXe siècle, sans compter l'excédent commercial français qui va fondre et laisser place à un déficit avec la montée rapide des importations. Pour l'historien de l'économie Paul Bairoch, il y a même un lien entre la libéralisation des échanges commerciaux et la grande dépression de 1873[1]. L'historien constate que la crise s'est amorcée au moment où les tarifs douaniers étaient les plus bas en Europe puis s'est terminée vers 1892 juste au moment où le retour du protectionnisme devenait effectif[2]. Selon P. Bairoch, la grande dépression s'explique par l'afflux de céréales américaines vers l'Europe entre 1866 et 1872. Or, comme les États-Unis protégeaient leur économie, les Européens ne pouvaient pas compenser en exportant des biens. Résultat, le monde paysan, qui représentait

---

1. J. Tosti, « Les accords commerciaux préférentiels dans l'histoire », *Les Possibles*, n° 4, 2014.

2. P. Bairoch, *Mythes et paradoxes de l'histoire économique*, La Découverte, 2005.

au XIXe siècle 60 % de l'emploi, s'est appauvri, affectant par là même la demande de produits industriels et le bâtiment, et plongeant ainsi l'ensemble de l'économie dans la crise.

Enfin, il est important de rappeler que le développement des États-Unis, la première puissance mondiale, s'est fait grâce à un certain protectionnisme. Alexander Hamilton, l'un des proches conseillers du premier président des États-Unis, George Washington, a été l'un de ses théoriciens les plus zélés. Il propose, dès 1791, la protection des industries naissantes (avant même que l'Allemand Friedrich List ne le propose pour l'Allemagne en 1841). Il comprend qu'une ouverture précoce à la concurrence serait désastreuse pour des entreprises qui n'ont pas atteint la taille critique (celle qui leur permet de se mesurer à leurs concurrents). Ce que résume de façon ferme un autre président américain, Abraham Lincoln, pour son temps : « Je ne connais pas grand-chose aux droits de douane, mais je sais une chose, c'est que lorsque nous achetons des biens manufacturés à l'extérieur, nous avons les biens et les étrangers ont l'argent ; mais lorsque nous achetons ces biens chez nous, nous avons à la fois les biens et l'argent. » D'ailleurs, les Américains ont toujours été plus protectionnistes que les Européens, y compris aujourd'hui (et même avant l'élection de Donald Trump qui a axé sa campagne sur le protectionnisme). Par exemple, le Buy American Act, obligeant que ce soit une entreprise américaine qui soit choisie dans un appel d'offres public, est une pratique interdite en Europe car perçue comme une entrave à la concurrence.

D'autres exemples mis en avant par les défenseurs de la mondialisation, comme le développement de la Chine ou de la Corée du Sud, ne sont en réalité pas uniquement dus aux bienfaits du libre-échange mais à une recette mélangeant protectionnisme, libre-échange et politique du taux de change. Par exemple, la Chine, contrairement à d'autres pays émergents qui ont ouvert leurs frontières et exposé leur industrie à la concurrence mondiale, n'a ouvert son économie que très progressivement en commençant par les zones de l'Est. De son côté, la Corée du Sud a permis à des groupes comme LG, Hyundai ou Samsung de devenir les plus puissants au monde en menant une politique industrielle mélangeant subventions et protections douanières contre les importations. Jamais ces industries n'auraient pu prospérer si elles avaient été mises directement en concurrence avec le reste du monde. La Corée du Sud, si elle avait appliqué à la lettre la théorie des avantages comparatifs, serait encore aujourd'hui spécialisée dans la production de biens nécessitant de la main-d'œuvre peu qualifiée, car c'était son seul avantage comparatif au début.

En réalité, le libre-échange est avant tout un jeu inégal de domination, où toutes les spécialisations ne se valent pas. Se spécialiser dans des industries à haute technologie n'équivaut pas à une spécialisation dans la production d'arachide ou de cacao. Or, les pays pauvres qui acceptent de jouer le jeu de la théorie des avantages comparatifs, sous les applaudissements des institutions internationales comme la Banque mondiale ou le FMI, seront obligés de se spécialiser dans les matières premières. Quand vous n'avez pas d'industries et que personne ne veut vous prêter des fonds (sauf si vous respectez la théorie), il ne vous reste plus que votre avantage « naturel » : pétrole et gaz pour les plus chanceux ; cacao, cuivre ou vanille pour les autres. Donc un pays en développement se met à exporter une matière première et importer le reste de ses besoins (car il ne fabrique quasiment rien d'autre). C'est le cas de la République du Congo, spécialisée dans le pétrole qui représente plus de 90 % de ses exportations mais qui importe des produits agricoles alors même que ses capacités agricoles sont utilisées à seulement 4 % de leurs potentialités ! Par contre, les pays riches, eux, ne se spécialisent pas et produisent des biens industriels, agricoles et des services.

Les pays avancés ont une économie diversifiée, les plus pauvres une économie mono-exportatrice (conformément à la théorie de Ricardo). Les pays en développement qui ont respecté les principes économiques imposés par les pays développés (ils n'avaient d'ailleurs pas le choix car ils n'auraient pas pu avoir de financements autrement) sont restés pauvres.

Le libre-échange, un principe théorique
pour dominer les pays pauvres

Le libre-échange s'est imposé comme la doctrine principale car il arrangeait un petit nombre de pays puissants (surtout leurs entreprises). Les industries dominantes de ces États riches réclamaient des marchés plus grands pour pouvoir fabriquer à moindre coût et trouver de nouveaux débouchés. C'est dans ce contexte que le GATT a été créé en 1947 puis a laissé place à l'OMC en 1995. À la base, ses principes semblent avoir pour but un traitement égalitaire de l'ensemble des nations : réciprocité, transparence et diffusion de la clause de la nation la plus favorisée. Cette clause veut que lorsqu'un pays accorde une faveur, notamment tarifaire, à un autre pays, il l'accorde à tous les pays commerçant avec lui et que les producteurs étrangers soient soumis aux mêmes réglementations que les producteurs nationaux.

Mais derrière ces beaux principes de fond comme de forme – négociations transparentes et mobilisation du plus grand nombre de pays –, le multilatéralisme est une vaste supercherie. Les pays riches ont souvent établi l'ordre du jour des négociations et ont fait en sorte d'être vainqueurs dans le marchandage des règles à fixer. Ils ont commencé par ralentir la création de l'OMC car ils ont préféré organiser leurs échanges et faire obstacle au développement d'autres industries ailleurs. L'OMC a ensuite succédé au GATT lorsqu'il fallait des marchés plus grands aux entreprises dominantes. L'organisation a renforcé l'orientation libérale et a continué à servir les intérêts des entreprises des pays les plus puissants. Par exemple, les pays riches ont toujours accepté de libéraliser les secteurs nécessitant des technologies (car eux seuls les avaient) et ont refusé d'ouvrir les secteurs où ils pouvaient être concurrencés (agriculture et textile). Globalement, les chiffres des accords de l'Uruguay Round sont sans appel : 70 % des gains sont allés aux pays développés contre 30 % pour les pays en développement alors qu'ils représentent 85 % de la population mondiale. Les pays les plus pauvres se sont même appauvris, l'Afrique subsaharienne aurait perdu 1,2 milliard de dollars par an avec ces accords[1]. Ce partage déséquilibré des fruits du libre-échange s'explique tout simplement par la domination des pays riches qui ont la capacité d'imposer leur choix aux pays les plus pauvres. Il faut être bien naïf pour penser que dans les rounds de négociations, le Mali a la même capacité d'influence que les États-Unis ou le Royaume-Uni. Le plus affligeant, comme le note l'économiste Ha-Joon Chang, est que les pays riches ne se donnent même pas la peine de sauver les apparences, comme le montre l'organisation des réunions du « salon vert » où se préparent les négociations sans que les représentants des pays en développement y soient admis[2].

Les effets sur les pauvres des pays riches

Le libre-échange a donc été un moyen pour les industries des pays riches de s'imposer aux pays pauvres en les enfermant dans le sous-développement et en les empêchant de développer eux-mêmes leurs industries. Le Mexique ou

---

1. J. E. Stiglitz, « Rendre le commerce équitable », in *Un autre monde*, Fayard/LGF, 2006, p. 151.
2. H.-J. Chang, *Le protectionnisme et ses ennemis*, Les liens qui libèrent, 2012, p. 42.

le Maroc peuvent-ils encore créer un constructeur automobile maintenant que les marques américaines et européennes sont bien implantées chez eux ? Il aurait clairement été plus simple pour eux de le développer à l'abri de la concurrence mondiale. Certes, au départ, leur gamme de véhicules aurait probablement été moins performante que celles de General Motors ou Renault, néanmoins ils auraient pu développer une industrie, créer des emplois plutôt que d'être dépendants des produits des autres. C'est ce qu'a fait la Corée du Sud avec Hyundai, qui fait partie aujourd'hui des plus gros constructeurs mondiaux. La mondialisation a donc permis d'une part aux grands groupes de délocaliser une partie de leur production dans les pays pauvres (et par conséquent de baisser leur coût de production) tout en écoulant leurs produits à des prix élevés sur les marchés des pays développés et, d'autre part, de s'imposer dans les pays moins développés comme leaders en rendant impossible l'apparition d'une concurrence future.

Mais la délocalisation des activités de travailleurs moins qualifiés vers les pays en développement a également affecté une grande partie de la population des pays riches, notamment les ouvriers. Le libre-échange a entraîné un conflit d'intérêts entre travailleurs qualifiés – qui bénéficiaient des effets de la mondialisation – et les moins qualifiés – qui en étaient directement les victimes. Les cadres avaient des qualifications que les pays en développement n'avaient pas, l'internationalisation leur a permis de décrocher des contrats et donc des activités supplémentaires. Quant aux ouvriers, ils étaient directement mis en concurrence avec les travailleurs chinois (et même roumains car ce petit jeu existe de manière réduite en Europe) et ont vu leurs usines fermer pour s'installer dans d'autres contrées où le coût du travail était plus faible. Très rapidement, les élus locaux ont été confrontés à ces fermetures d'usines condamnant des régions entières. Pourtant, aucune politique publique n'a été mise en place pour empêcher ces délocalisations ou pour assurer plus de sécurité à ces perdants de la mondialisation. Bien au contraire, les prestations publiques ont été de plus en plus rabotées, le traitement politique à leur égard de plus en plus méprisant. Une forme de connivence s'est même installée entre les grands patrons et les politiques, les uns retardant la fermeture des usines avant les élections, les autres se déplaçant pour promettre monts et merveilles, puis… rien. Lâchées par l'État et jugées trop coûteuses pour leurs entreprises, des millions de vies ont été broyées. Dans l'indifférence générale, des pans entiers de notre industrie ont disparu.

Se sentant à l'abri, les professions supérieures, vainqueurs de la mondialisation, se sont rarement mobilisées contre ce mouvement de délocalisation. Elles feraient bien de le faire car la recherche de profit n'a pas de limites et ce mouvement d'optimisation pourrait bien finir par les toucher. Certes, les conventions de ce joli petit monde font qu'aujourd'hui il est plus acceptable de supprimer des milliers de postes d'ouvriers que des postes de cadres. On peut facilement imaginer une raffinerie fermer (la moitié ont déjà fermé) mais on peut difficilement imaginer la tour Total de la Défense fermer parce que des cadres et ingénieurs chinois coûtent moins cher. Pourquoi ? Parce que cela ne se fait pas... pour le moment. Mais la fièvre de la mondialisation pourrait ne pas s'arrêter là. Elle a déjà gagné les services clients, si utiles mais délocalisés dans des zones où la maîtrise de la langue française la plus élémentaire suffit à convaincre les entreprises de s'y installer. Et probablement, demain, les emplois dans la comptabilité et l'audit seront délocalisés dans des pays émergents. La mondialisation, d'abord arme des pays riches contre les pays pauvres, est devenue l'arme des multinationales contre les citoyens.

Le libre-échange n'est donc pas une formule magique qui enrichit tout le monde. Il y a des perdants et des gagnants (et même des perdants chez les gagnants). Ces cinquante dernières années, les pays riches se sont arrangés pour organiser le commerce en faveur de leurs entreprises dominantes, en acceptant de sacrifier des pans entiers de leur industrie. De leur côté, les pays pauvres, en se spécialisant (conformément à la théorie), se sont enfermés dans le sous-développement. Les grands gagnants du libre-échange sont les multinationales qui peuvent désormais produire là où le coût de la main-d'œuvre est le moins cher, vendre là où il y a du pouvoir d'achat et payer leurs impôts là où la fiscalité est la plus faible. Étonnant, dans ces conditions, que toute critique du libre-échange soit aussi difficile.

12.

LE FMI : PRÊTER
POUR MIEUX LIBÉRALISER

Lorsqu'un pays pauvre a besoin d'emprunter, rares sont les banques qui sont disposées à lui prêter. La plupart du temps, il est obligé de se tourner vers le Fonds monétaire international, qualifié souvent de prêteur de dernier recours. Or le FMI, à défaut de pouvoir exiger des garanties financières aux pays pauvres, leur impose de mettre en place des réformes structurelles. Se spécialiser dans les biens à l'export, privatiser, diminuer les protections (prestations chômage, retraites), réduire la sphère publique, ouvrir les marchés à l'international ; tels sont les critères imposés aux pays en échange d'un prêt. Et comme ces pays, souvent très endettés, ont besoin de fonds urgemment, ils acceptent sans broncher les conditions du FMI.

Que ce soit en Amérique du Sud, en Asie ou en Afrique, la majorité des pays en développement ont été contraints de demander de l'argent au FMI. Tous ont dû appliquer la même politique ne tenant aucunement compte des contextes nationaux et vantant les bienfaits de la libéralisation. Résultat : des pays se sont spécialisés dans des biens à l'export pour satisfaire la demande extérieure (principalement des pays riches) plutôt que de satisfaire leur demande intérieure ; des pans entiers de l'économie ont été privatisés, faisant la joie des grands groupes européens et américains qui ont pu les racheter à moindre prix ; une ouverture des marchés et une baisse de la pression fiscale qui a permis encore plus facilement aux multinationales de s'implanter ; des populations, parfois extrêmement pauvres, qui ont vu leur situation se dégrader. Le FMI, noble institution basée à Washington, n'a pas comme unique but d'assurer la stabilité du système monétaire international et d'éviter les crises – ce qu'il n'a pas réussi à faire en 2008, trop occupé à surveiller les pays en développement plutôt que les États-Unis –, c'est également une instance autoritaire visant à imposer une logique libérale qui sert principalement les intérêts des pays riches.

Quand le FMI passe par là...

Le FMI n'accorde une aide financière ou une réduction de la dette que contre la mise en place imposée de politiques d'ajustements structurels. L'organisation contraint les pays à se spécialiser dans les produits d'exportation pour lesquels ils disposent d'un avantage comparatif (conformément à la théorie économique). Elle incite à confier la production de ces produits à des compagnies privées (et comme les pays pauvres n'en ont pas, ils se tournent vers les multinationales) et à ouvrir leur économie à la concurrence mondiale. Ces politiques conduisent les pays à privilégier des produits à l'export qui satisfont une demande extérieure plutôt que de se préoccuper de l'agriculture locale (qui pourrait nourrir les populations) ou de certaines branches industrielles (qui pourraient leur donner des emplois). L'ouverture de leur économie les expose également à la volatilité des prix déterminés sur les marchés financiers. La spécialisation des pays pauvres dans les matières premières, souvent qualifiée par les experts de « malédiction des ressources naturelles », est en réalité rarement un choix mais une condition imposée pour obtenir des financements.

Prenons le cas d'un pays pétrolier en Afrique. Pour avoir accès à un prêt du FMI, il est obligé de se spécialiser dans l'exportation de pétrole et avoir recours à une compagnie privée. Si le pays possède sa propre compagnie publique, l'organisation lui demandera de la privatiser. De toute façon, les compagnies publiques des pays pauvres ont souvent peu de moyens techniques car personne ne veut leur accorder de prêts pour qu'elles en acquièrent. Notre économie africaine va donc exporter un bien, le pétrole, dont elle ne maîtrise pas le prix puisque ce dernier est déterminé sur les marchés financiers (et par conséquent extrêmement volatil) et dont elle ne maîtrise pas les volumes car ils sont décidés par la compagnie privée exploitante (qui ne suit que son intérêt privé et pas celui du pays). Souvent le pays ne maîtrise même pas la valeur de ce qu'il produit car les données du gisement (la rentabilité, le coût d'exploitation, etc.) sont établies par les compagnies privées et ne peuvent être vérifiées par les pays pauvres faute de moyens. Dans ces conditions, l'économie de ce pays africain n'est plus dirigée par son gouvernement mais par des forces extérieures : les marchés financiers et les compagnies privées. Mais le FMI vous dira que l'ajustement de ce pays est un succès. Notre exemple pourrait être le Congo, le Gabon ou le Cameroun et concerne n'importe quel pays spécialisé dans la production d'une matière première.

Sur le fond, le FMI a raison, l'ajustement tel qu'il le voulait a bel et bien été réalisé. Dans la plupart des pays, le contrôle des prix a largement faibli, la stabilisation a bien eu lieu, les protections tarifaires et non tarifaires ont fortement baissé, le secteur public a été réduit, les privatisations ont été opérées, les taux de change ne sont plus autant surévalués, les taux parallèles ont été éliminés, les marchés des capitaux largement libéralisés, les marchés du travail flexibilisés. L'économie de marché a gagné du terrain, mais sans apporter de résultats probants quant au niveau de vie des plus démunis. L'ajustement a été réalisé, mais les pauvres sont restés pauvres. Et les pays pauvres n'ont pas décollé.

Des PAS à la stratégie de lutte contre la pauvreté, changement de slogan pas d'idéologie

Face aux critiques de plus en plus grandissantes de la société civile dans les pays riches comme dans les pays pauvres et de certains experts comme J. E. Stiglitz, la Banque mondiale et le Fonds monétaire international ont lancé fin 1999 une initiative conjointe pour réorienter leurs stratégies. Désormais, les pays à bas revenu désireux de bénéficier d'une aide financière ou d'un allègement de leur dette doivent préparer un Document stratégique de réduction de la pauvreté (DSRP). Ainsi, le FMI accorderait dorénavant une place centrale à la lutte contre la pauvreté et au rôle du pays pauvre dans l'appropriation et l'élaboration de sa politique. Le FMI serait passé de politiques imposées aux pays à des politiques de lutte contre la pauvreté élaborées par ces mêmes pays. Le directeur du bureau européen du FMI, Flemming Larsen, allant même jusqu'à déclarer que « les autorités et la société civile des pays concernés sont appelées à assumer une plus grande responsabilité dans l'élaboration des réformes. Ainsi, la lutte contre la pauvreté sera prise en charge par les intéressés[1] ». D'un point de vue idéologique, le changement semblait énorme.

Mais dans les faits, même si les pays ont le droit d'élaborer leur politique, ils n'ont qu'une faible marge de manœuvre. Il est en effet difficile pour les pays concernés de faire preuve de beaucoup d'originalité dans leurs programmes quand ceux-ci doivent être approuvés par les fonctionnaires de la Banque mondiale et du FMI. La validation étant la condition *sine qua non* pour que l'allègement de la dette soit accepté et les fonds débloqués. Cela est d'autant plus difficile que l'allègement de la dette est, pour ces pays pauvres, une urgence

---

1. Haut conseil de la coopération internationale, « Rapport du gouvernement sur les activités du Fonds monétaire internationale et de la Banque mondiale », 23 août 2000.

vitale[1] et qu'ils ne peuvent donc courir le risque
de voir leur projet de DSRP rejeté. Élaborer une
politique sérieuse de développement et de lutte
contre la pauvreté demande du temps, un temps
que les impératifs d'allègement du poids de la
dette n'aident vraiment pas à trouver.

Pendant ma thèse, j'ai pu assister en partie à
la rédaction du DSRP intermédiaire de la République du Congo. Je devais rédiger une étude pour
le compte de l'Union européenne et du ministère
du Plan du Congo portant sur les recettes pétrolières pour financer la lutte contre la pauvreté.
J'étais donc en contact avec certains des fonctionnaires congolais en charge de l'élaboration du
document. La première version du DSRP intermédiaire[2] qu'ils avaient soumise au FMI venait
d'être rejetée et le pays, très endetté, avait besoin
d'avoir accès à des fonds rapidement. J'ai pu
mesurer combien les hauts fonctionnaires étaient
conscients qu'ils ne pouvaient pas trop s'éloigner
du document de référence – appelé sourcebook –

---

1. Dans les pays pauvres, les dettes sont souvent gagées sur
la production future comme par exemple les dettes gagées sur le
pétrole qui consistent à garantir les dettes d'aujourd'hui par la
production de pétrole de demain.

2. Le processus de validation des DSRP par les institutions
de Bretton Woods se fait en deux étapes : la validation d'un
DSRP intermédiaire puis la validation du DSRP final.

distribué par la Banque mondiale. Une sorte de guide pratique à destination des pays concernés qui leur expliquait comment il fallait écrire « un bon DSRP ». Ils savaient que pour que le DSRP soit cette fois-ci accepté, ils devaient fournir un travail allant encore plus dans la ligne libérale du FMI. Être à ce point traités en élèves en révoltait plus d'un mais les besoins urgents de fonds et d'allègement de la dette les obligeaient à se soumettre au diktat de l'organisation internationale. J'ai donc compris assez rapidement combien cette prétendue appropriation des politiques par les pays en développement était une simple opération de communication et combien, en réalité, ces pays n'avaient qu'une très faible marge de manœuvre dans l'élaboration de leur politique de lutte contre la pauvreté.

*La renaissance des politiques
d'ajustement structurel en Grèce*

Les politiques d'ajustement structurel ont fait un retour fracassant en Grèce. Plus question de les cacher derrière un habillage, le FMI affiche clairement la couleur en dictant la politique grecque : hausse de la TVA, baisse des pensions de retraite, arrêt de l'aide aux plus petites pensions et vastes programmes de privatisations. Par contre, refus des hausses d'impôts sur les plus riches et les entreprises alors que le gouvernement grec était prêt à les mettre en place. Les résultats de cette politique d'austérité sont catastrophiques, autant du point de vue économique qu'humain. Depuis 2008, la Grèce a perdu un quart de son PIB, le chômage y a augmenté de 190,5 %, la dette de 36,5 % et le revenu par ménage a diminué de 30 % ; la mortalité infantile y a augmenté de 42,8 %, les suicides de 44 % et la dépression de 272,7 %[1]. Pourtant, la Commission européenne persiste dans l'acharnement en continuant à demander plus à l'économie grecque.

Christine Lagarde, directrice du FMI, appelant même les Grecs à se prendre en main et ajoutant que les enfants démunis d'Afrique ont davantage besoin d'aide qu'eux. Mais, nous l'avons vu, en Afrique ou en Europe, le FMI est loin de se soucier des populations et encore moins des plus démunis. Son seul objectif est la libéralisation de l'économie à marche forcée. Officiellement, l'institution invoquera des principes économiques pour

---

1. Chiffres compilés par Okeanews à partir de chiffres provenant d'Eurostat, ELSTAT, la Banque de Grèce, l'Institut du travail de la Confédération générale des travailleurs de Grèce et l'Institut de recherche universitaire de santé mentale (EPIPSY). Voir également l'infographie réalisée par Regards.

justifier cette prise de contrôle non démocratique de l'économie d'un pays. Mais dans les faits, la libéralisation de l'économie profite principalement aux multinationales (dont les plus puissantes viennent des pays riches) qui vont bénéficier d'une économie avec moins de réglementations, payer moins d'impôts, profiter des privatisations du secteur public et d'une main-d'œuvre plus flexible.

13.

DES TRAITÉS DE LIBRE-ÉCHANGE QUI DONNENT LES PLEINS POUVOIRS AUX MULTINATIONALES

Les traités de libre-échange sont la dernière étape d'un long processus visant à donner toujours plus de pouvoir aux multinationales. Désormais, elles ne se suffisent plus de pouvoir profiter des différences de coûts du travail, de réglementations ou de fiscalité pour prospérer, il faut qu'elles puissent elles-mêmes déterminer les normes et qu'elles empêchent les États de mettre en place des réglementations pouvant nuire à leur profit. L'Union européenne, loin de protéger ses citoyens, est le principal promoteur de ces traités avec les mêmes arguments éculés : le retour de la croissance, des créations emplois et un meilleur pouvoir d'achat pour les citoyens. Depuis 2007, des négociations à huis clos entre l'Union européenne et ses principaux partenaires sont en cours. Certaines ont déjà abouti à la ratification d'un accord. Les mobilisations citoyennes, notamment contre les traités transatlantiques TAFTA (accord Europe-États-Unis) et CETA (accord Europe-Canada), sont la preuve qu'une grande partie de la population ne croit plus aux promesses prétendument bienfaisantes du libre-échange. Et pour cause, voici les principaux dangers de ce type d'accord.

L'Union européenne, amplificateur de la mondialisation

Au départ, l'Union européenne fut tiraillée entre deux voies : l'une plus interventionniste et l'autre plus confiante dans le marché. Lors des négociations concernant le marché unique au début des années 1980, l'European round table – un puissant lobby du patronat – était divisé sur la voie à suivre. Une partie de ses membres défendait l'idée que le marché unique devait être un espace de concurrence, l'autre partie prônait qu'il fallait créer des champions européens en les protégeant, au départ, de la concurrence mondiale (type Airbus mais élargi à tous les champs : énergie, transports, etc.). C'est Jacques Delors, président de la Commission européenne (et socialiste), qui, au milieu des années 1980, fera pencher la balance en faveur de la concurrence.

Dès lors, la dynamique libérale va s'enclencher fortement avec la création du marché unique, la libre circulation des biens, des services et des personnes, la monnaie unique et enfin l'ouverture du marché européen aux échanges mondiaux. L'Union européenne est ainsi devenue la zone au monde la moins couverte par des tarifs douaniers. Gangrénée par les lobbies, elle ne sera qu'un bouclier de verre face à la financiarisation de l'économie, la spéculation, la malbouffe ou la pollution. L'Union européenne, plutôt que de protéger ses citoyens des effets délétères de la mondialisation, en est devenue la principale courroie de transmission.

Il n'est donc pas étonnant qu'en 2006, suivant cette idéologie, l'Union européenne mette en place une stratégie nommée « Global-Europe: Competing in the World[1] » visant à signer des accords de libre-échange de nouvelle génération avec ses principaux partenaires commerciaux. Le terme « nouvelle génération » signifie que ces accords traitent des obstacles du commerce derrière les frontières, c'est-à-dire sur les normes établies à l'intérieur d'un pays, contrairement aux anciens traités qui se focalisaient sur les barrières douanières. Or, les normes peuvent être différentes d'un pays à l'autre et elles représentent des

---

1. Commission européenne, « Global-Europe: Competing in the World », 4 octobre 2006.

obstacles ; le but est d'harmoniser ces normes afin qu'il n'y ait plus aucune (ou quasiment) entrave à la libre circulation des biens et des services. C'est dans le cadre de cette stratégie que s'inscrivent les fameux traités transatlantiques avec les États-Unis et le Canada dénommés TAFTA et CETA mais d'autres traités de ce type ont déjà été signés avec la Corée du Sud en 2011 ou avec le Pérou, la Colombie et le Nicaragua en 2013.

Il faut croire que la construction d'un marché où vingt-huit États mettent déjà en concurrence leur modèle social et leur fiscalité n'était pas suffisante pour la Commission européenne. Il a fallu qu'elle aille plus loin en facilitant l'accès à des concurrents extérieurs au marché européen. Tout ce que nous vivons aujourd'hui en Europe, la concurrence fiscale du Luxembourg et de l'Irlande pour attirer les sièges sociaux des plus grosses entreprises, la compétition des coûts du travail qui entraîne des délocalisations dans les pays de l'Est, celle sur les réglementations qui entraîne la casse du droit du travail et la baisse des normes environnementales, tout cela va être amplifié avec ce type de traité.

S'attaquer aux normes
pour accroître les profits des multinationales

La novlangue élitiste et naïve des libéraux vous dira que les traités de libre-échange ont pour but principal de définir des standards communs de production et de consommation car les différences de réglementations entre pays sont coûteuses à respecter pour les entreprises. Que l'harmonisation des normes permettrait aux entreprises de ne plus avoir besoin d'ajuster leurs productions en fonction des pays, ce qui, en plus de stimuler les échanges, diminuerait les coûts et, au final, créerait des emplois.

Ce cercle théoriquement vertueux est de moins en moins audible par les populations. Les résultats des études financées par la Commission européenne, arrivant (forcément) toutes à un impact positif sur l'emploi, ont été répétées en boucle, sans la moindre critique, par toutes les fondations, think tanks et autres instituts financés par le patronat. Pour mesurer à quel point il faut prendre avec des pincettes ce type de travaux, il suffit de constater l'écart entre les prévisions passées et les faits. En 1988, le rapport Cecchini[1]

---

1. P. Cecchini (sous la présidence de), « Une évaluation des effets économiques potentiels de l'achèvement du marché

– commandé par Jacques Delors – sur « les coûts de la non-Europe » faisait l'apologie du grand marché de 1986 et promettait aux Européens des millions d'emplois supplémentaires et un horizon de croissance économique pouvant atteindre plus de 6,5 % par an. Aujourd'hui, le bilan du marché unique européen tempère très largement (pour ne pas dire dément complètement) la vision enchantée du rapport Cecchini. Le cercle théoriquement vertueux, argument inépuisable, du plus de concurrence donc plus d'emplois reste encore à démontrer. Mais le but des traités n'est même plus là, il est désormais dans la question des normes.

Le terme « norme » recouvre plusieurs significations allant de la réglementation purement technique (taille, forme) au domaine sanitaire et phytosanitaire (conception). Ces normes touchent donc de vastes champs de notre vie quotidienne comme l'alimentaire, le sanitaire ou la propriété intellectuelle. La Commission européenne aime utiliser le terme doux de « rapprochement des normes », même si concrètement il ne veut rien dire. Comment « rapprocher » des réglementations sur la viande bovine, si un pays autorise le bœuf aux hormones et l'autre non ? En faisant

---

intérieur de la Communauté européenne », *Économie européenne*, n° 35, mars 1988.

moitié-moitié ? Un petit peu d'hormones les jours pairs ? Un peu d'herbe les jours impairs ? Comment peut-on envisager sérieusement un rapprochement sur la taille d'un câble de frigo ou des ceintures de sécurité ? La réalité, c'est qu'il n'y aura pas de « rapprochement » mais un alignement des normes de l'une des deux parties sur l'autre. C'est-à-dire qu'en fonction des secteurs les entreprises de l'une vont devoir s'ajuster aux normes de l'autre et que les coûts d'ajustement vont être uniquement supportés par l'une des deux parties. Or dans ce type de situation, l'histoire montre que l'ajustement se fait sur les normes des entreprises ayant le plus de poids. Comment nos producteurs de viande pourraient-ils résister à des coûts de production inférieurs grâce à des fermes industrielles de vingt mille vaches, si ce n'est en acceptant de faire de même ? Et comment le consommateur va-t-il faire la différence au supermarché ? Car il ne faut pas être naïf, jamais il ne sera précisé de manière visible sur le sachet de viande les modes de production. Ils seront inscrits, en petit, au dos du paquet, sous la forme d'une codification illisible que des ONG bienveillantes auront vaillamment décryptées, puis ils seront mis en pâture. Ce sera, encore une fois, au consommateur, fatigué par sa journée de travail, de faire l'arbitrage. Les entreprises le savent, à ce jeu de la baisse de la qualité, elles sont toujours gagnantes à la fin, peu importe les scandales, les tours qui s'effondrent au Bangladesh, les lasagnes de bœuf contenant du cheval, etc. La réalité est que la marge de manœuvre du consommateur est réduite, par son salaire et par l'énergie qu'il peut y consacrer en dehors de son emploi.

Mais ces traités ont surtout un but pour les grandes multinationales : baisser les normes. La mise en avant de la concurrence est un mensonge car concrètement les entreprises la détestent (car elle peut être destructrice et fait baisser les profits). Pourquoi pensez-vous qu'un même lobby représente souvent plusieurs entreprises concurrentes ? Tout simplement parce que ces entreprises concurrentes sur le papier ont des intérêts convergents. Prenons le cas du secteur automobile. L'ensemble des constructeurs ont intérêt à ce que les réglementations sur le diesel ne soient pas trop restrictives – qu'importe que les particules fines soient responsables de plusieurs dizaines de milliers de morts par an.

Il en va de même pour l'interdiction de la fracturation hydraulique – technique nécessaire pour extraire les hydrocarbures de schiste – en France, où des entreprises concurrentes comme Total et Exxon avaient un intérêt commun : le changement ou l'abrogation de la loi. Ce petit jeu prospère bien évidemment à l'intérieur de l'Europe. Souvenons-nous, en 2000, comment les lobbies des industries du chocolat ont réussi à faire accepter par le Parlement européen la diminution de la part du cacao (en le remplaçant par des matières grasses végétales coûtant trois à dix fois moins cher) tout en gardant l'appellation de chocolat. Quand il s'agit d'augmenter leur profit en rendant les législations moins contraignantes, les multinationales, qu'elles soient concurrentes, européennes ou non, parlent généralement d'une seule voix.

Des tribunaux pour empêcher
l'apparition de nouvelles règles

Outre l'harmonisation des normes existantes, les traités de libre-échange contiennent également un mécanisme permettant de dissuader les États de créer de nouvelles normes : le tribunal arbitral. Le tribunal arbitral est un mécanisme de règlement des différends des entreprises qui permet de régler des litiges de nature commerciale entre un investisseur et un État. La particularité est qu'il soustrait le litige aux cours de justice nationales ou européennes pour le confier à une instance arbitrale supranationale. Ce mécanisme contient des dangers évidents car les entreprises pourraient saisir cette instance pour combattre efficacement ce qui relève de préférences collectives en matière sanitaire ou alimentaire, pour ne citer que ces domaines. Désormais, n'importe quelle loi ou n'importe quel choix politique peut être perçu comme une entrave à l'investissement de l'entreprise et faire l'objet d'une contestation devant ces tribunaux. Avec ce type de mécanisme, les intérêts commerciaux des entreprises se trouvent juridiquement placés au-dessus des préférences des nations. Les condamnations les plus connues ne peuvent que confirmer nos inquiétudes. Par exemple, dans le cadre du traité de libre-échange États-Unis/Équateur, le Centre international de règlement des différends sur l'investissement (CIRDI)[1] a condamné l'Équateur à payer 1,77 milliard de dollars à Occidental Petroleum car il a mis fin à un contrat avec l'entreprise qui ne respectait pas ses obligations. Le cigarettier Philip Morris a utilisé la même procédure en 2010-2011 contre les gouvernements de l'Uruguay et de l'Australie car ces nations conduisaient des campagnes anti-tabac.

---

1. Le Centre international de règlement des différends sur l'investissement (CIRDI) est une instance, créée par la Banque internationale pour la reconstruction et le développement (BIRD), qui traite des litiges entre État et investisseur d'un autre État.

Certains diront que les juridictions administratives nationales et même européennes garantissent déjà à l'entrepreneur un droit à un environnement juridique économique stable et que toute modification peut donner lieu à des compensations. Mais à la différence des tribunaux arbitraux, pour les juridictions administratives nationales et européennes[1], le droit à la sécurité juridique – et donc à une indemnisation contre toute nouvelle règle contraignante – s'apprécie en fonction de la légitimité de la nouvelle règle (est-elle justifiée par un motif de service public ? de santé ? de diminution de risques de toute nature ?) et du coût engendré par cette nouvelle règle pour l'agent économique qui en subit les effets (le préjudice est-il pour lui spécial et anormal ?). Il s'agit donc pour les juridictions administratives de mettre au point une doctrine permettant l'établissement de nouvelles règles tout en garantissant que la charge de participation à cette règle soit équitable pour tous[2].

Or, les tribunaux arbitraux vont probablement s'inspirer de la doctrine du CIRDI, qui stipule qu'une entreprise a droit à l'environnement juridique qu'elle a connu lorsqu'elle a commencé à

---

1. Dont la saisine directe, à l'encontre d'un État, par une personne privée est aujourd'hui autorisée.

2. T. Porcher et F. Farah, *TAFTA : l'accord du plus fort*, Max Milo, 2014, p. 55.

entreprendre et donc d'être indemnisée du profit perdu par toute modification de législation
ou réglementation qui lui serait défavorable. On
comprend bien que, contrairement aux juridictions nationales, le but est d'empêcher l'établissement de toute nouvelle règle. Or, la mise en
place d'une transition énergétique ambitieuse
pour lutter efficacement contre le réchauffement
climatique nécessite la création de nouvelles (et
importantes) réglementations environnementales ;
les tribunaux arbitraux placent au-dessus de la
tête des États une épée de Damoclès. Mais le pire,
c'est qu'en échange de ce cadeau supplémentaire
fait aux multinationales rien, même pas de vagues
promesses d'embauches, ne leur a été demandé.

La stratégie européenne visant à signer des
accords de libre-échange avec le reste du monde
est la dernière étape d'un long processus donnant
de plus en plus de pouvoir aux multinationales
et de moins en moins aux citoyens. L'espace
européen est devenu un vaste lieu de concurrence où chaque État, tout en disant « Vive l'Europe », baisse ses réglementations pour prendre
des parts de marché à son voisin. Les inégalités
de revenus entre habitants, pays, régions d'un
pays augmentent. Des lobbies extrêmement puissants arpentent les couloirs de la Commission

européenne, fabriquent du doute, créent du débat là où il ne devrait plus y en avoir (perturbateurs endocriniens, diesel, etc.) en finançant des études. Ils savent que désormais tout se joue à Bruxelles. Reste les ONG qui protègent les citoyens. Elles font un travail de lanceurs d'alerte et de contre-lobbying, mais comment peuvent-elles, avec un budget de 4 millions d'euros, contrebalancer la pression des sept cents organisations de lobbying de l'industrie financière disposant de 123 millions d'euros par an[1] ?

---

1. ONG Corporate Europe Observatory.

CONCLUSION :
PRINCIPES D'AUTODÉFENSE
CONTRE LA PENSÉE DOMINANTE

Au nom d'un savoir qu'eux seuls prétendaient détenir, les économistes orthodoxes ont
contribué à détruire la vie de milliards d'individus sans jamais être inquiétés. En défendant la
déréglementation des marchés financiers, ils ont
contribué à la crise de 2007 qui a frappé l'économie mondiale, mettant des dizaines de millions
d'individus au chômage, les forçant à quitter
leur maison, déstabilisant leur cellule familiale,
les poussant parfois au suicide. En faisant la
promotion des plans d'ajustement structurel
du FMI, ils ont condamné les pays pauvres au
sous-développement alors même que la majorité de leur population n'avait pas accès à l'eau
potable, aux produits de base, aux médicaments
et ne vivait qu'avec quelques dollars par jour. En
soutenant le libre-échange et la gestion actionnariale de l'entreprise, ils ont exposé une partie
de la population des pays riches, la moins qualifiée, aux délocalisations, fragilisant des régions

entières et mettant des centaines de milliers de personnes au chômage. Enfin, en promouvant l'austérité en Europe, ils ont augmenté les inégalités et astreint les populations des pays du sud de l'Europe au chômage de masse, sacrifiant volontairement toute une génération à la précarité. Tel est le bilan non exhaustif des économistes dans la cité et voilà pourquoi il est impératif, à l'issue de ce livre, de retenir un minimum de principes d'autodéfense citoyenne pour que l'histoire ne se répète pas.

1er PRINCIPE

TOUJOURS SE MÉFIER DES REMÈDES MIRACLES QUE L'ON POURRAIT APPLIQUER PARTOUT ET QUI FONCTIONNERAIENT COMME PAR MAGIE

Les économistes aiment les solutions uniques (marché unique, monnaie unique, prix du carbone unique, etc.), ils aiment également vous rappeler que tous les autres économistes pensent comme eux. Or, en réalité, il y a rarement de consensus en économie et lorsqu'il y en a un… mieux vaut être sur ses gardes. Souvenons-nous du consensus des économistes sur la stabilité des marchés financiers et la solidité des banques avant la crise des subprimes de 2007. Il ne faut donc jamais hésiter à remettre en cause la parole d'un expert, à lui demander des comptes et à continuer de débattre.

2e PRINCIPE

NE JAMAIS SE LAISSER IMPOSER LES LIMITES DU POSSIBLE

Beaucoup d'économistes, lorsque vous sortez de leur cadre de pensée, vous rétorquent que vous êtes au pire dans l'idéologie, au mieux dans l'utopie. On pense typiquement à ce genre de réponse : « Ce que vous proposez, compte tenu de la dette, est impossible. » Or, il faut bien comprendre que les limites du cadre de réflexion économique ne sont pas déterminées de manière objective et qu'elles peuvent donc, par définition, bouger. La sécurité sociale ou les congés payés étaient des mesures qui, en leur temps, pouvaient paraître en dehors du cadre autorisé de réflexion. Et s'ils ont vu le jour, c'est justement parce que certains ont repoussé les limites du débat. L'histoire montre que ce qui peut paraître inconcevable aujourd'hui ne l'était pas hier et peut, en fonction des rapports de force en présence, ne pas l'être demain. L'économie est une science humaine et, par conséquent, rien n'est établi à jamais, les lignes peuvent bouger. L'intégrer est la première pierre pour que les choses changent.

3ᵉ PRINCIPE

UN INDIVIDU N'EST JAMAIS SEUL
RESPONSABLE DE SA RÉUSSITE OU DE SES ÉCHECS

L'individu, maître de son destin, est une fable instrumentalisée par les classes sociales supérieures pour pouvoir contribuer le moins possible au fonctionnement du reste de la société – notamment en marchandant des baisses d'impôts. Ceux qui ont réussi aiment faire croire qu'ils ne doivent leur position qu'à leur seul talent et que, par conséquent, payer des impôts s'apparenterait à du vol. Alors que la réussite est toujours collective, notamment à cause du financement collectif des facteurs de cette réussite.

Prenons l'exemple de Florent Pagny (qui n'est certes pas le pire, mais qui est suffisamment représentatif pour servir d'exemple). Il a choisi de s'exiler au Portugal pour payer moins d'impôts car, dans le fond, il est persuadé qu'il ne doit sa réussite qu'à lui-même. Mais qui achète ses disques ? Les Français. Qui a joué sa musique depuis plus de vingt ans ? Les radios et chaînes de télévision (parfois publiques) françaises. Sa réussite dépend d'un ensemble de facteurs : son capital humain (largement influencé par le secteur public qui lui a offert l'éducation, les hôpitaux et des infrastructures gratuites – des routes pour qu'il puisse faire ses tournées), des décisions politiques (les quotas de chansons françaises sur les ondes) et du rôle des institutions (développement des fréquences radio, chaînes de télévision). Retirez la moitié des facteurs énoncés ci-dessus et vous pouvez être sûr que la fortune de Florent Pagny se réduirait fortement.

À l'autre bout, faire porter la responsabilité du chômage à la personne qui le vit est une manipulation visant à se détourner des réels responsables. La crise puis les mauvais choix de politique économique, comme l'austérité dans la zone euro, ont créé des millions de chômeurs en Europe. Ce sont donc les dirigeants politiques, que nous avons élus, qui sont responsables du chômage, pas les sans-emplois, et c'est à eux qu'il faut demander des comptes et pas l'inverse.

4e PRINCIPE

NE JAMAIS CROIRE QUE LA FLEXIBILITÉ DU MARCHÉ DU TRAVAIL EST UN REMÈDE AU CHÔMAGE

Il est faux de dire que les réformes du marché du travail ont pour premier objectif de diminuer le chômage. Elles n'ont qu'un seul but : ajuster plus facilement la main-d'œuvre au cycle d'activité pour pouvoir préserver les profits des entreprises. Concrètement, même s'il fait semblant d'être concerné, le MEDEF se moque du taux de chômage de la France, il défend les entreprises qu'il représente. Or, ces dirigeants veulent pouvoir compresser les coûts (notamment en licenciant plus facilement) lorsque les résultats ne sont pas suffisamment satisfaisants pour conserver leur marge (et celle de leurs actionnaires). Dans certains pays où les réformes ont été menées, le chômage a baissé, transformant les sans-emplois en travailleurs précaires (Royaume-Uni, Pays-Bas, États-Unis). Dans d'autres, malgré l'augmentation de la précarité, il reste à des niveaux élevés (Espagne, Italie et Grèce). Dans les deux cas, les profits des grandes entreprises ont augmenté car c'est en réalité le seul but.

Conclusion

5ᵉ PRINCIPE

AVANT DE DIRE QU'IL FAUT BAISSER LA DÉPENSE PUBLIQUE, ESSAYER DE COMPRENDRE CE QU'ELLE RECOUVRE

Au-delà des masses monétaires en milliards et autres chiffrages abstraits, il est toujours important d'avoir en tête les effets concrets d'une baisse de la dépense publique. Ce sont des diminutions dans les pensions de retraite, dans les remboursements de médicaments, dans les prestations chômage et dans les investissements en infrastructures. L'impact d'une baisse de la dépense publique n'est jamais indolore pour les populations.

Actuellement, l'argument pour justifier la baisse de la dépense publique est la soutenabilité de la dette publique alors même que les marchés financiers nous assurent des taux d'intérêt extrêmement faibles. En réalité, le but est d'offrir des pans entiers de l'État social (l'assurance maladie, les retraites) à quelques grands groupes privés qui seraient bien heureux de profiter de ces marchés juteux. C'est même l'Union européenne qui encourage ce petit jeu sordide en forçant les États à libéraliser des pans entiers de leur économie et en encadrant la politique budgétaire.

223

6e PRINCIPE

LA FINANCE N'EST L'AMIE DE PERSONNE…
SAUF DES FINANCIERS

La financiarisation de l'économie avec la montée en puissance du rôle de l'actionnaire a été désastreuse pour le salarié et l'entreprise. Les actionnaires – un petit nombre de fonds de pensions et d'assureurs – choisissent des entreprises en fonction des gains qu'ils peuvent espérer. Pour les attirer, les États mettent en place des réglementations qui leur sont favorables, comme une baisse de la fiscalité ou un marché du travail plus flexible. À l'intérieur de l'entreprise, le rôle du manager consiste plus à assurer un profit suffisamment intéressant aux actionnaires sur le court terme (son revenu en dépend) qu'à réaliser des investissements qui n'auront un impact que sur le moyen ou long terme. Au final, c'est un jeu perdant pour les États, les entreprises et les salariés. Par contre, les actionnaires récupèrent jusqu'à 60 % des bénéfices et les dirigeants ont vu leurs revenus fortement augmenter. Actuellement en France, la rémunération moyenne des dirigeants des cent vingt plus grandes entreprises françaises est en moyenne 132 fois plus importante que celle de leurs salariés.

Conclusion

7ᵉ PRINCIPE

N'AYEZ PAS PEUR DE LA DETTE PUBLIQUE

Une dette ne signifie rien si on ne la compare pas à un patrimoine. Or, dans le cas de la France, notre patrimoine public dépasse notre dette. À cela il faut ajouter que la dette publique reste largement inférieure à celle du secteur privé, ce qui signifie que, contrairement à l'idée reçue, l'État n'est pas un si mauvais gestionnaire. Enfin, ayez toujours en tête l'utilisation « à la carte » de l'argument de la dette. Par exemple, lorsqu'il s'agit de baisser la fiscalité des plus riches ou baisser les charges des entreprises, alors la dette publique n'est plus un problème. En revanche, lorsqu'il est question d'investir dans le service public, elle en devient un. En fait, la réduction de la dette n'est aucunement le premier objectif des dirigeants politiques, c'est juste un épouvantail pour justifier des politiques d'austérité.

8ᵉ PRINCIPE

CESSEZ D'ÉCOUTER LES BEAUX DISCOURS SUR LE RÉCHAUFFEMENT CLIMATIQUE, VÉRIFIEZ LES ACTES

Tout le monde sait ce qu'il faut faire pour lutter efficacement contre le réchauffement climatique : développer massivement les énergies renouvelables, maîtriser notre consommation d'énergie, développer l'économie locale et circulaire. Tous ces termes figurent dans les discours de nos élus mais, concrètement, aucun gouvernement ne veut les mettre en œuvre. Tout simplement parce que pour relever le défi climatique, il faut remettre en cause nos modes de production et de consommation actuels. Plutôt que de pousser nos grands groupes vers un projet industriel adapté aux enjeux environnementaux, nos dirigeants se portent garants des conditions actuelles de production pour préserver les profits de court terme de quelques-uns. Quitte à faire courir à l'humanité le risque le plus important qu'elle ait jamais connu.

Conclusion

SI VOUS AIMEZ L'EUROPE, CRITIQUEZ LA COMMISSION EUROPÉENNE

La construction européenne fondée sur le principe de la libre concurrence a entraîné une mise en compétition des modèles social et fiscal des États membres. Ce jeu mortifère a engendré un nivellement vers le bas de la fiscalité et des protections des salariés dans l'ensemble des pays d'Europe. L'euro n'a fait que renforcer cette tendance en imposant une monnaie unique à dix-neuf pays, les obligeant encore plus à porter l'ajustement sur le travail donc sur l'humain (plutôt que sur la monnaie). L'austérité mise en place à partir de 2011 a fracturé l'Europe et aujourd'hui les populations des pays du sud de l'Europe sont plus pauvres qu'avant la crise. Si vous voulez une Europe plus solidaire, si vous aimez l'Europe, exigez l'arrêt des pratiques actuelles de la Commission européenne.

10ᵉ PRINCIPE

NE CROYEZ PAS QUE LE LIBRE-ÉCHANGE PROFITE À TOUS

Le libre-échange n'est pas une formule magique enrichissant tout le monde. Il y a des perdants et des gagnants. Ces cinquante dernières années, les pays riches se sont arrangés pour organiser le commerce en faveur de leurs entreprises dominantes, en acceptant de sacrifier des pans entiers de leur industrie. De leur côté, les pays pauvres, en se spécialisant, se sont enfermés dans le sous-développement. Les seuls véritables gagnants du libre-échange sont les multinationales qui peuvent désormais optimiser leurs profits en produisant là où le coût de la main-d'œuvre est le moins cher, en vendant là où il y a du pouvoir d'achat et en payant leurs impôts là où la fiscalité est la plus faible. Avec les nouveaux traités de libre-échange, elles peuvent désormais, grâce au tribunal arbitral, s'attaquer aux normes pour pouvoir exercer des pressions là où elles sont jugées contraignantes et attaquer les États qui voudront produire de nouvelles réglementations. Dans ces conditions, on comprend bien à qui profite réellement le libre-échange.

*

Conclusion

Ce traité d'économie hérétique a pour but de montrer qu'il existe une vision alternative à celle plus largement répandue des économistes mainstream et que l'analyse d'un fait économique dépend très fortement de l'endroit où l'on se place. À l'avenir, lorsqu'on vous présentera une réforme économique en vous expliquant qu'elle profitera à tous, que nous n'avons pas le choix dans le contexte de mondialisation, que nous sommes obligés de la faire compte tenu de la dette publique, vous saurez qu'il y a toujours un gagnant en économie – l'économie est un rapport de force par d'autres moyens –, que nous avons toujours le choix – il suffit de sortir du cadre de réflexion autorisé – et que la dette publique est un épouvantail – qui permet justement de faire accepter une réforme difficile. Désormais, il vous appartient donc de peser dans le rapport de force en questionnant, en exigeant, en débattant et en n'acceptant plus comme parole d'évangile une soi-disant vérité économique.

REMERCIEMENTS

Je tiens à remercier particulièrement Isabelle Saporta, mon éditrice, pour sa confiance, son exigence et ses nombreux conseils dans l'écriture de ce livre. Je remercie également Sophie de Closets, P-DG, pour sa relecture attentive, sa disponibilité et ses remarques mais aussi l'équipe de Fayard notamment Diane Feyel et Thomas Vonderscher.

Je remercie aussi les Économistes atterrés, nos nombreux échanges ont nourri ce livre.

Enfin, je remercie Frédéric Farah, mon ami et coauteur d'essais, pour sa relecture et ses précieux conseils ainsi que Simon Porcher, mon frère et mon coauteur, et Raphael Homayoun Boroumand et Stéphane Goutte, mes amis et coauteurs d'articles scientifiques. Nos discussions et débats sont sans fin.

Cet ouvrage a été imprimé en France par
CPI Bussière
Z.I. rue Pelletier Doisy
18200 Saint-Amand-Montrond (France)

pour le compte des Éditions Fayard
en juin 2020

N° d'édition : 76-5328-9/14 - N° d'impression : 2052068